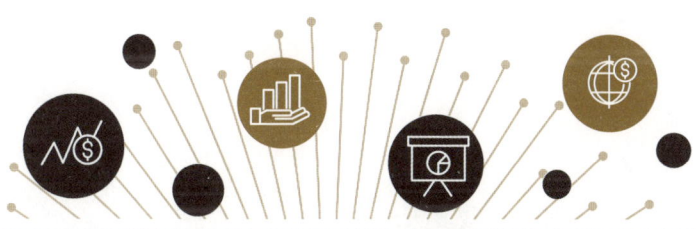

# 投資冥想法
## 快速顯化你的財富

冠軍分析師金牌獵人結合獲利技術與身心覺察，
教你掌握致富的實戰策略

金牌獵人（朱均澤）——著

# 目 錄

好評推薦     5
前　言　投資冥想幫我 6 天顯化 2 間房     8

## Part 1　投資理財真正的起跑點——身體

01　身體是財富根基：投資從健康開始     18
02　愛自己，從飲食落實：打造有錢人的體質     27
03　打破錯誤認知：讓健康成為顯化財富的本錢     37

## Part 2　像戀愛般善待金錢

04　從恨錢到愛錢：揭開金錢流失的內在祕密     48
05　從錢包開始：用長皮夾招來財富與貴人     57

## Part 3　起心動念，讓金錢能量暢通

06　與市場共振：克服匱乏、不配擁有和完美主義     68
07　念頭的威力：驅動行動的原動力     72

| 08 | 正念與貴人：不可錯過的財富之道 | 80 |
| --- | --- | --- |
| 09 | 從零到一：相信自己，讓宇宙回應你的願望 | 89 |
| 10 | 別讓念頭作祟：清除能量阻塞，輕鬆點石成金 | 99 |
| 11 | 與量子共舞：運用科學，讓願望迅速顯化 | 110 |
| 12 | 量子奇蹟：顯化成真的實證案例 | 118 |

## Part 4　獲利不驕、賠錢不慌的投資心態

| 13 | 賺錢心態管理：避免從小賺變大賠 | 130 |
| --- | --- | --- |
| 14 | 超越賺錢：用正確心態複製獲利模式 | 140 |
| 15 | 賠錢心態管理：如何從容應對，逆轉頹勢？ | 148 |

## Part 5　技術與身心兼具的投資冥想法

| 16 | 改寫人生劇本❶　淨化內在，洞悉業障 | 160 |
| --- | --- | --- |
| 17 | 改寫人生劇本❷　改變認知與行善布施 | 169 |
| 18 | 改寫人生劇本❸　廣結善緣，讓人生暢行無阻 | 178 |
| 19 | 改寫人生劇本❹　全然相信，更能心想事成 | 184 |

# 目 錄

| 20 | 總體經濟分析❶ 聯準會會議紀錄解密 | 192 |
| 21 | 總體經濟分析❷ 關注聯準會主席的發言 | 201 |
| 22 | 總體經濟分析❸ 日本央行總裁的發言也是焦點 | 213 |
| 23 | 總體經濟分析❹ 日本媒體評論劃重點 | 222 |
| 24 | 總體經濟分析❺ 美國降息、日本升息的操作法 | 231 |
| 25 | 總體經濟分析❻ 川普重建新秩序,須隨時關注 | 242 |

| 結語 | 相信自己可以顯化你想要的財富 | 248 |
| 後記 | 感謝宇宙、貴人與自己,完成這本書 | 251 |

# 好評推薦

「離開職場轉戰外匯投資,對於投資小白的我,讀遍市面琳琅滿目投資書籍,神準技術、傲人績效、小資高獲利等光鮮案例,卻無法讓我克服血淋淋虧損恐懼、獲利自我膨脹、不配擁有匱乏心態,一再發生!秉持人對事就對的信念,當自學無果,尋覓名師成為我關鍵任務,多年來,我觀察均澤老師從人稱高績效身材臃腫的投顧,蛻變成穩健獲利的陽光型男騎士。而他蛻變關鍵法門,就是這獨創的『投資冥想』!如果你正處於投資死胡同、虧損恐懼、自我懷疑,本書將是你最佳選擇之一,能讓你學習到在追求財富自由之際,也能啟發潛意識中自我豐盛及心想事成的動能。讓你再度擁有超強宇宙吸引力,同時,創造你改寫人生劇本機會,讓你重新贏回最好的自己,為自己贏一次的嘗試!」

——洪雯娟 Cherry,SIC 永續影響力投資人暨前資策會產推處副處長

「身體健康是 1,再加上正確的理財思維和策略,後面累積的 0 方可無限擴大。很榮幸能協助朱老師用飲食為健康

打下根基，也看著他將這些信念一一身體力行，創造出財富自由的生活。」

──張羽秀，營養師、Podcast《初醫食伍》主持人

「投資不僅是策略，更是內在信念的顯化。本書透過冥想與認知轉換，幫助投資人突破心理障礙，與市場共振，提升決策品質，並強調『布施』與『金錢和解』，將財富創造與社會影響力結合，符合永續影響力投資精神，值得一讀。」

──黃俊傑，永續影響力投資創辦人

「第一次認識朱老師是在安康教養院參訪活動，感覺老師人很熱心又隨和，後續知道老師再找房地產投資物件，而我手上正好有適合老師的物件，過程中也非常順利，包含後續銀行貸款也在央行管制前，壓線申貸完成。事後和老師聊到，買房過程如此順利。老師說，投資時透過冥想可以讓事情變得非常順利，我正好親眼見證。誠摯推薦朱老師這本書善用『投資冥想法，快速顯化你的財富』。」

──黎力銘，有巢氏房屋土地開發部專業經理

「我與朱老師相識十多年，親眼見證他如何用冥想『顯化』財富，投資都帶著神奇的流動感！本書打破傳統投資思維，讓你不只研究市場，更學會調整內在狀態，讓財富自然而然找上門。無論是投資新手還是老手，都能從中獲得全新啟發，玩轉金錢能量！」

——楊靜穎 Opal Yang，英國新方向金融科技顧問 CEO

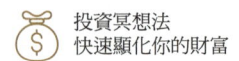
投資冥想法
快速顯化你的財富

## 前言
# 投資冥想幫我 6 天顯化 2 間房

如果你曾在投資市場裡迷惘、焦慮，甚至大賠過，請不要氣餒，因為我也曾經歷這一切。

我曾三度破產、慘賠千萬，在無數次交易失敗中摸索，甚至一度懷疑自己是否適合投資。但我沒有因此放棄，而是不斷調整策略，並開始思考：為什麼同樣的市場環境，有些人能穩定獲利，而有些人卻不斷虧損？問題真的只在技術上嗎？

多年來的試煉讓我意識到，**投資交易的關鍵，不只是技術，而是「心態」與「決策品質」！**

賺錢或賠錢，反映的就是決策品質，而決策品質來自於「潛意識信念」與「內在能量」。如果內在信念是「錢很難賺」，那麼即使賺到了，也會因為各種原因讓錢流失，甚至回到原點。因此，**投資交易不只是技術，而是心理素質的鍛鍊與覺察！**

這個領悟，讓我開始結合冥想、財富顯化、心理素質訓練，並發展出一套完整的方法，幫助投資人從源頭改變錯誤

的投資習慣，重塑財富思維，讓投資不再是恐懼與壓力，而是心流與富足！

在多年投資經驗的基礎上，我發現單靠技術分析是不夠的，投資心態與心理素質才是決定你能否長久獲利的關鍵。即使技術完美，若投資者的心態不夠穩定，仍然會因恐懼或貪婪做出錯誤決策，導致最終虧損。

因此，**我將多年投資經驗與心態修煉結合，首創「投資冥想與財富密碼」課程。這門課程將最「汙濁」的投資市場與最「清淨」的身心靈冥想世界落地融合，幫助投資人透過冥想來調整潛意識，強化投資決策品質，並在財富顯化過程中，真正做到「身心合一」。**

這一次，正是透過這套方法，讓我保持高度市場覺察，在正確的時間點做出了最有利的決策，並在短短 6 天內顯化出 2 間收租房。

## 財富顯化的最佳驗證

早在十幾年前，我就有過「當包租公」的念頭，甚至認真研究過相關的裝修法令，這才知道茲事體大，不是買房

## 投資冥想法
### 快速顯化你的財富

找人設計裝潢就完事了，還要樓下的住戶同意，才能施工裝修。但光是徵求鄰居同意就夠你折騰了，很可能你求爺爺告奶奶到處拜託，鄰居卻死活不肯簽下同意書，讓你所有努力付諸東流。我合計之後覺得不划算，只好將「買房出租」這件事暫時拋諸腦後。

可沒想到多年後的今天，我竟然神奇地心想事成，這正是我一直以來堅信的法則 —— **宇宙是公平且豐盛的，只要你敢想，祂就敢給！**

就在 2024 年 3 月 19 日，日本扛不住日元長期貶值和通貨膨脹，央行終於結束負利率政策，準備升息，這預示著日元即將大漲，正是最後看貶做多的大好時機。於是，我在 2024 年 5 月 3 日到 5 月 10 日，短短 6 個交易日內，用本金 2 萬美元，操作 212 單、106 手外匯保證金，一口氣賺進 13 萬美元，折合新台幣 423 萬元，獲利率高達 650%！

這筆資金入帳後，我的第一直覺就是買房。

房地產一直都是我資產配置中的要項，所以 423 萬元入帳後，我打算拿這筆錢買我的第三間房，將它改為出租套房，一圓我的包租公夢想。雖說買房的頭期款已經有了，但買房子不是一朝一夕的事，誰買房不先看個一年半載的房子才出手？要找好物件更是不容易，嚴格的裝修法令也仍是阻

礙，看來這事還有得磋磨，恐怕要花上不少時間心力。

沒想到，一打瞌睡就有人送枕頭！我才剛剛跟學員說這筆錢我打算用來買房，學員緗庭就在 2024 年 5 月 8 日立刻為我帶來了好消息。她老公黎力銘在有巢氏房屋林口店當房仲營業員，手上正好有個好物件，就在林口長庚醫院附近，是一間位在 3 樓的 30 年電梯華廈戶，總價 1,300 萬元，房東將房子隔成 6 間套房出租，並且目前處於滿租狀態，所以只要我買下房子，不必花一毛錢重新裝修，立刻直升包租公，連房客都不用找，多省事！

不過，我覺得還是要找當地人先鑑定一下，因此 2024 年 5 月 10 日請了桃園市龜山區前議員李麗珠阿姨跟我去看房子，結果阿姨看了也是讚不絕口：「這房子緊鄰大馬路，跟長庚醫院才隔兩個紅綠燈路口，又在捷運旁，真的不錯，可以買。」房地產專家的口頭禪不正是「買房最重要的就是 Location、Location、Location（地點、地點、地點）」嗎？這房子的地點完全符合買房保值增值的要求，我二話不說就跟有巢氏房屋簽了委任書。

更令人驚喜的是，屋主在同一棟大樓 5 樓還有第二間一模一樣的房子，好事自然要成雙，力銘便替我游說屋主連同第二間一起賣給我，屋主欣然同意，我們在 2024 年 5 月 20

投資冥想法
快速顯化你的財富

日簽約成交,從我決定買房子,到成功買到兩間滿意的收租套房,籌到買房資金只花了短短6天時間,這也算史無前例了吧?

全球暢銷書《牧羊少年奇幻之旅》(*El Alquimista*)提到:「當你內心渴望某樣東西時,整個宇宙都會聯合起來幫助你完成。」看在我一心一意要當包租公,宇宙連貸款都幫了我一把。因為阿姨幫我介紹了龜山農會理事長的祕書秀梅姐,有她協助辦理貸款,流程一切順暢,真的非常感謝她。

更神奇的是,2024年6月14日中央銀行為了打擊炒房,祭出史上最嚴格的限貸令,升準、無寬限期、降貸款成數樣樣來,將第二戶房貸上限從7成降到6成,建商和房仲都嚇壞了。而我正好在政策實施的前兩天2024年6月12日送件,使用的是申貸舊制,結果兩間房都順利貸到了7成貸款,現在想來都覺得不可思議。

一間房1,300萬元,房貸月繳3.7萬元,6間套房收租6萬元,扣掉仲介房屋代管費6,000元,還有17,000元餘額,我不僅有2間房的資產,每月還多了34,000元的被動收入。為此我「鄭重」跟力銘表示:「你以後千萬不要來說服我賣掉這兩間房,我現在就跟你說『我不要!』」,這兩間房子我是要留給小孩的。」

我買房子不是為了炒房,而是為了做資產配置,將主動收入轉成能夠保值的不動產,進而產生被動收入。

## 好房做價差,一輩子是窮鬼

在此,我要特別強調一件事,也是我人生重要的 Slogan 之一:「買賣房屋千萬不能做價差」,否則你一定會後悔終生,因為我有過一次痛徹心扉的經驗:我在 2010 年曾經花了 220 萬元買了一間房子,半年後在房價漲到 250 萬元時賣出,當時還因為賺了 30 萬元的差價而沾沾自喜,原來我還挺有做房地產的天分!

然而,此時此刻我要跟老天懺悔,我不該成為炒房吸金的一員,因為十年後的今天,那間房子已經漲到快破千萬了,真是令我悔不當初啊!這個慘痛的教訓讓我深刻體認到:每個投資工具都有不同的屬性,需要不同的投資策略,把房地產拿來做價差,賺到了短價差,再拿去買下一個物件,這其實是一個非常愚蠢的做法。

**房地產的好物件值得長期持有,只要你有機會買到,打死都不能賣,因為「好房子做價差,一輩子是窮鬼!」**不想

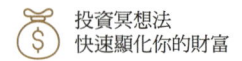

**投資冥想法
快速顯化你的財富**

變窮鬼,要當有錢人,一定要牢記這條買房鐵則。

此外,若你手頭上有充足的資金,可以分配部分資金到房地產上,但千萬不要把所有錢都拿來炒房,我絕對「不鼓勵炒房、不鼓勵做價差」,這是我的投資信念。

## 勇敢做夢,相信自己就一定能得到

年輕時,我也參加過很多心靈課程和工作坊,尤其是為期半年的「生命響導」心靈探索工作坊,讓我找到人生使用說明書徹底改變我的人生,我非常感恩這段奇妙的旅程。本書是分享我的所學並應用在我的生命上所產生蛻變的心得。但我發現在上課之前,我們都脫下了自己的面具,走進教室開始學習,那個磁場非常溫暖、舒服、安全,令人很放鬆、讓人什麼話都敢說,然而一出了教室的門,大家又很習慣戴上了原來的面具,好像什麼事都沒發生過,又回到了原來的生活模式,上課成為心靈避風港。

半年後,我意識到這個嚴重的問題,就決定不再參加了,但我仍然不斷練習我已經學到的東西,並慢慢體會到「廣結善緣」的重要性,就拿我這次買房來說,我能如願以

償,正是平日裡跟學員互動愉快,為他們付出良多,所以他們有了好處也會想到我,大家互相幫襯、互通有無。

我知道很多想買房卻不看房的人常會有以下心聲:「我不配擁有房子!」「我買不起房子!」「我現在又沒錢,幹麼浪費時間看房子?」又擔心會被代銷或房仲識破自己根本沒錢,而不敢看房子,其實這樣的心態是錯誤的,它們只會成為你心想事成的障礙。

只要你想買房,不管你有錢沒錢,都一定要多看房子,這也是一種「廣結善緣」,因為每看一間房子,就是一段善緣的開始。而且「看房子」也是買房的第一道門檻,看了房子才能讓你對「擁有一個家」開始有渴望,唯有看過各式各樣的房子,你才會知道你理想中的房子長什麼模樣,了解不同的房價,你才會知道自己要準備多少資金,你不再只有一個模糊的買房夢想,而會有一個越來越清晰的目標。

所以即便我在一窮二白的時候,也照樣到處去看房子,從來不會因為口袋空空就心虛不敢看、不敢問,反正銷售員也不知道我沒錢,有什麼好怕的?如果連試一試的勇氣都沒有,又怎麼可能有心想事成的一天?

**吸引力法則告訴我們,只要你敢想就一定能得到,沒什麼不可能的,但要心想事成必須先有目標,你得給你的潛意**

識一個「具體的畫面」，只有多看房子，你才可能栩栩如生想像你要的房子，有了這個明確的目標，潛意識才能啟動能量，串連各種機緣，讓你的人生出現各種巧合，幫助你完成目標。

買房如此，理財如此，面對人生和未來更要如此，只要敢想、敢做夢，願意相信自己，勇於付諸行動，最終你一定能夠美夢成真，過著比我的生活更富足愜意的幸福人生。

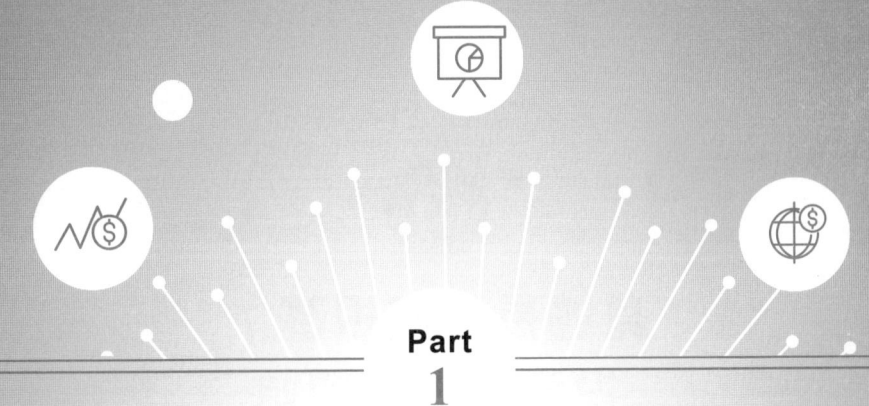

Part
1

# 投資理財真正的
# 起跑點──身體

投資冥想法
快速顯化你的財富

# 01
# 身體是財富根基：
# 投資從健康開始

談到理財賺錢，多數人第一個想到的總是各種投資工具。投資小白忙著學習新手攻略、參加理財入門課程；熟手則潛心研讀各類投資全方位指南，誤以為把所有投資知識技能學個遍，就能在市場上贏在起跑點。殊不知，他們往往忽略了最重要的一環——照顧「身體」，這才是真正的理財起點。

就像開車一樣，車子每跑 5,000 公里就要保養，每跑 10,000 公里就需換機油、檢查胎皮、引擎、三油、三水等。那麼，你多久檢查一次自己的身體？我每次上課都要求學員進行抽血檢查，但在 100 位學員中，大約只有 5 位會主動去檢查；有的僅是趕上公司員工健康檢查時順便抽血，並非特意安排。

常有學員不以為然地問：「老師，理財跟身體有什麼關係？」其實，關係重大！我記得有位學員 A，是一位自行創業的老闆，當他來上課時僅 42 歲，正處於事業起飛的黃金期。我每堂課都提醒大家回去抽血檢查、了解自身狀況。果然，課後 A 聽從建議，做了全身健檢，結果發現異常：正常情況下，PSA（攝護腺特異性抗原）數值應低於 4 ng/ml，但他的卻高達一百多，再進一步病理檢查後，醫生宣判他罹患早期攝護腺癌，他立即積極治療，休養半年多後才恢復正常。之後，他跟著我學習外匯保證金交易，一路賺得盆滿缽滿。

他感激地認為是我救了他一命，但其實更應該感謝自己：他重視身體，願意聽從建議做健康檢查，好好照顧自己。如果當初他不這麼做，任由癌細胞在體內蔓延，就算賺再多錢，最終也可能全部進了醫生的口袋。更何況，若真出現「人在天堂，錢在銀行」的情況，那麼學了一堆理財知識、拚命操作賺錢，也全屬白忙一場。

要知道，**我們的身體正是一個吸引金錢能量的磁場**。沒有健康的身體，就賺不到錢，因為金錢能量不會青睞那些生病或不懂得愛惜自己的人。我本人也是在歷經三次破產、跌跌撞撞之後，才深刻體會到「沒有健康，一切都是空談」的

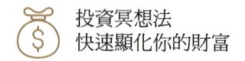
投資冥想法
快速顯化你的財富

真理,並因此開啟了跌宕起伏的減重健身之路。

## 自己減重成效不彰,請專業人士幫忙減肥

做投資的人常常一天到晚坐著盯盤,運動量本就不足,心思全花在市場的波動上。有空才匆匆吃一餐,對食物是否營養根本不上心,只要能填飽肚子就好;賺錢後又喜歡用美食犒賞自己。結果,很多人不是腰圍凸起,就是因營養不均而骨瘦如柴,幾乎沒有人能真正保持健康。

我也不例外。過去我的體重一直維持在 72 公斤,但自從踏入投資圈後,很難做到定時定量用餐。再加上從小家裡做生意,晚上店門一關,父母便帶我去吃宵夜,這個習慣從小就根深柢固。即便在我決心減重之初,也未能戒除宵夜,嚴重違反了睡前保持空腹的健康原則。這些年來的不良生活作息,最終讓我在 2022 年一度體重飆升超過 80 公斤。

當時,我整個人就像被充氣過度的氣球,臉頰鼓脹得好似含著兩顆茶葉蛋。我意識到再這樣下去,健康終將亮起紅燈,便先到檢驗所做抽血檢查,了解自身狀況。

一般健康人的血液應呈血紅色,離心後上層血漿是清澈

的，若血脂高則抽血時會顯得混濁暗紅，離心處理後管底是近黑的暗紅色，上層漂浮著含有油脂的淺黃色血漿。我抽血後是後者，光憑目測，我就知道自己該減肥了。

於是，我開始認真減重，但每次堅持不到 2 個月就復胖，讓我既沮喪又懊惱，深感獨木難支，最終不得不尋求專業幫助。2022 年 5 月，我聘請了一位一對一的重訓私人教練。經過指導後，我才發現重訓並非只是拚命鍛鍊胸肌和臂膀。我們全身擁有大大小小的肌肉群，普通運動可能只練到主要肌群，而在教練的動作設計與細心指導下，能以不同姿勢全面訓練各個小肌群，從而雕塑出健康而有線條的身材。

隨後，我也聽到了健身界的名言：「七分吃、三分練」，這讓我認識到飲食對健康的重要性。於是，我又請了營養師進行一對一諮詢，重新學習如何健康飲食，同時開始實行每天記錄三餐聰明吃的計畫。

讓自己重新開始學習怎麼聰明吃。許多現代文明病其實都是由於生活作息不正常引起的。因此，當身體出現狀況時，不必急於找醫生開藥，不妨先檢視自己的生活習慣，看看哪裡出了問題。尤其是肥胖，通常都是由飲食習慣不佳所致。

像是營養師跟我說：現代人飲食無虞，時常正餐點心不

斷，進食後若胃還未將食物消化排空，就急著再進食，消化器官也因為疲於工作而受傷，不斷進得多吃得少，最終引發肥胖、脂肪肝、高血糖等問題。

而**餐與餐的間隔時間拉長，讓腸胃有足夠的時間消化並休息，不僅有助於減重，也促進整體健康**。

## 學會聰明吃健康瘦，全方位掌控自己的身體

別看我現在身材保持得還不錯，但其實我很愛吃，絕對是個吃貨；筷子更是我拿得起放不下的夥伴。以前我常透過吃東西來轉移焦點、釋放壓力或逃避不想面對的事情，尤其喜歡吃零食、水果、花生等。記得每當鳳梨盛產時，我一天能吃掉 1 顆鳳梨；直到開始諮詢營養師後，我才明白「過猶不及」的道理 ── **水果並非吃得越多越好，任何食物都應適量**。

此外，我也學到了不少關於「吃」的學問。舉例來說，以前外食時我一般不會選燒肉，因為覺得燒肉太油；沒想到營養師卻說：「挑對燒肉類型反而是外食聚餐最佳選擇之一，日式燒肉大多是提供原味肉品、澱粉和蔬菜，只要慎重

挑選肉品種類並控制攝取量，燒肉能提供均衡的飲食來源。但要另外注意的是醬汁，含鹽量太高，吃多容易引起水腫；像是韓式跟台式的燒肉就比較屬於醬汁多的種類。」上完課後，我茅塞頓開，原來飲食還有這樣的講究！

所以，只要你願意開始關心自己的身體，留意菜單上的餐點，並思考如何聰明進食，就能輕鬆擁有健康好身材。舉例來說，某天晚上我去找一位學員，他大力推薦當地一家豆花店，強調那裡的豆花、花生和芋圓特別好吃，一定要嚐嚐。其實，這些含糖食物我同樣也碰不得，因為一吃血糖就可能飆升；但盛情難卻之下，我還是吃了一碗豆花。

我膽敢吃「違禁食物」是因為吃完後我會拉長空腹時間，並且跟營養師討論後續的進食方式調整。這也是後來我不再腹胖的原因，因為我學會了如何掌控自己的身體跟隨時調整飲食內容。

平時用餐前，我會把打算吃的食物拍下來，只要進到嘴裡的，不管吃了什麼、喝了什麼，甚至排便情況，都會拍照傳給營養師進行討論，同時也是在記錄自己的飲食狀況與身體變化。

剛開始我也覺得很麻煩，但行為心理學告訴我們：「一個人的動作或想法如果重複 21 天，就會形成習慣。」我不

記得花了多少天，但如今這個好習慣已牢牢養成。

　　圖表 1-2 是我平時的菜單，但由於我個人腸胃吸收較差，故做了一些特殊調整，但是由於每個人狀況不同，建議還是要跟自己信任的營養師個別討論。

　　少油少鹽的健康飲食、大量運動及充足睡眠，讓我在 2023 年 4 月不到一年的時間就從超過 80 公斤瘦到 65 公斤；但到了 9 月，我內心突然冒出一個聲音：「我幹麼把自己過得那麼累？男子漢大丈夫糾結什麼體重問題，人生苦短，我就是要任性地吃啦！」結果，我開始了一陣報復性暴飲暴食，甜食宵夜完全不忌口，甚至害怕到不敢驗血，因為我知道檢驗數字肯定不如人意，不驗也罷。

　　果不其然，我這樣一路胡吃海喝到 2024 年 1 月，整整復胖了 7 公斤。於是，我硬著頭皮去做抽血檢查，發現自己又被打回原形，再度看到了熟悉的「混濁脂肪血」，只好乖乖重拾健康飲食法，並戒掉了從 7 歲起就養成的吃宵夜習慣。2024 年 5 月 14 日，我再次到檢驗所抽血，結果顯示我的血液數值又變正常了。

　　到了 2024 年 7 月，我又瘦回 65 公斤，體脂肪率 15％（男性體脂肪率正常值為 25％以下）。雖然離我理想的 10％還有一段距離，但現在的我身材精壯、肌肉有力。以前我

## 圖表 1-2　獵人諮詢回饋表單

日期：2024.06.19
營養師：張羽秀

| 目標公斤數 | 建議卡路里 | 建議飲水量 |
|---|---|---|
| 65 | 1,700 | 2,600 |
|  | 體重 | 體脂 |
| 本週 | 66.7 | 16.2 |
| 上週 | 65.7 | 16.7 |

| 本週回饋 | 1. 排便順暢<br>2. 幽門螺旋桿菌零檢出<br>3. 最近容易睡不飽<br>4. 電梯沒修好，懶得出門<br>5. 貓咪亂尿尿，覺得煩 |
|---|---|
| 達標或未達標原因分析 |  |
| 本週執行策略 | 1. 補充助眠保健食品 GABA 1 顆：睡前避免藍光半小時<br>2. 嘴饞嚼口香糖<br>3. 晚上可以泡澡<br>4. 吃飯時速度要放慢，要認真咀嚼<br>5. 有餓再吃、吃得慢、不吃撐、咬得碎、消化完再睡 |

|  | 醣類 | 蛋白質 | 水果 | 蔬菜 | 油脂 | 內容 |
|---|---|---|---|---|---|---|
| 早餐 | 2 | 2 |  |  |  | 油 5c.c. 餐前喝<br>燙秋葵／小黃瓜 0.5 碗（或沒有）＋白肉／魚 4 指大＋半碗飯<br>餐間喝醋 5c.c.（稀釋 500c.c.） |
| 午餐 | 4 | 4 | 1 | 1 | 1 | 薑黃飯 1 碗＋魚／海鮮 1 碗＋蔬菜 0.5 碗＋水果 0.8 碗 |
| 晚餐 | 3 | 4 | 1 | 1 | 1 | 頭腐麵 1 包＋牛肉／豬肉（瘦肉）0.8 碗＋蔬菜 0.5 碗＋水果 0.8 碗 |
|  |  |  |  |  |  | 水果以奇異果、鳳梨、蘋果、葡萄為主<br>蔬菜以深綠色葉菜、菇類為主 |

### 投資冥想法
### 快速顯化你的財富

也曾瘦過，那時要我拉單槓，我連一下都拉不起來；而如今，我一天可以拉 100 下單槓，單次能拉 15～20 下，精力也比以前充沛得多。如今我甚至把「參加健美比賽」當成目標，立志要練出六塊肌和人魚線！

在減肥的第一階段，我深刻體會到只要遵循正確飲食就能輕鬆減重；同時，我也嘗過放縱大吃、縱情美食的滋味。如今，算是進入了第二階段，覺得該體驗的都已經體驗過，吃東西也不過如此，對於美食能以平常心看待，從容堅守健康飲食原則。

這就像投資中的停損概念：一開始我們總會設定停損點，但一旦賺了大錢，就可能放鬆心態將停損點拋諸腦後，結果一不小心就造成大賠；之後只能乖乖重新設定停損點。不只是減肥和投資，人生中的許多事也是如此。你所聽到或學到的知識，如果沒有親身實踐，永遠只停留在「理論」階段；但如果你付諸行動，便會轉化為體驗，累積成為你的經驗，最終構築起你的「信任資料庫」。

## 02

# 愛自己，從飲食落實：打造有錢人的體質

**身體，是我們吸引金錢能量最強的載體。**只要觀察住院病人，就會發現大部分人都不是有錢人。原因在於，長期生病會產生「病氣」，有病氣的人不但無法吸引金錢能量，反而總是在花錢。除非你能像王永慶、張忠謀那樣富有，即使退休後還有一大批人在為你賺錢；但頂級富豪只屬少數。不是每個人都能做到，即使年老體衰、生病了，依然富有。看看那些中小企業的老闆，一旦不慎重病，公司就可能面臨倒閉的風險。

「愛自己」就從重視飲食開始。「飲食」是照顧身體最容易落實的一環，**無論窮人或富人，無論上班族或大老闆，人人都必須進食，沒有人能例外。**若能將覺察觀照的法則運用到飲食上，使身體狀況日益改善，便能快速吸引金錢能

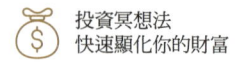
投資冥想法
快速顯化你的財富

量。反之,若身體狀況欠佳,投資時就難以靜下心來,缺乏冷靜的頭腦與清晰的判斷,又怎能做出正確的投資決策?

## 享受「餓感」,給腸胃足夠的時間消化食物

有一次,我去家樂福逛街,買了一大車東西。記得當時我一口氣買了五香花生、蛋酥花生和芥末花生各三包,買得真是過癮;但隨即我運用觀照覺察自己的想法:「我要什麼時候吃這些花生?」我後來沒吃,只是靜靜地觀照我想吃花生的欲望,不隨之起舞,我成功了。以前我總是一上車就迫不及待地抓一包來吃,畢竟花生對我的誘惑太大;不過自從開始減重並諮詢營養師後,我就能不再隨心所欲地進食,因為我知道進食的時機非常重要,也開始學會享受那份「餓感」。正因如此,我的身體變得輕盈許多,再也不覺得沉重。

以前我喜歡「飽感」,那讓我感到滿足;但現在,我卻愛上了「餓感」。許多人不喜歡餓感,我過去也曾排斥這種感覺,後來才意識到,可能是我習慣把「飢餓」與「貧窮」、「匱乏」甚至「沒錢」劃上等號,因此把這種感覺視

為負面能量。如今，**「餓感」對我而言，就等同於「瘦感」和「窈窕感」**，變得窈窕能讓我開心，所以餓感反而成了一種積極的正面能量。

因此，我樂於遵從營養師的建議：**當感到五分餓時，我會大量喝水，藉此讓胃產生短暫的飽足感，也給腸胃足夠時間消化代謝。** 這五分餓的狀態，只是一點點餓，喝水就能打發；但等到餓感升至七分，連喝水也無法緩解時，再開始進食。自從這麼做之後，我才明白自己以前之所以會發胖，原來是因為我總在胃中食物尚未清空時就急著進食。

我們從小就被教育「三餐要定時定量」，聽起來很有道理，我以前也都是如此。後來，我才了解飲食可以因生活狀態不同而彈性調整食物內容跟量，但餐跟餐之間一定要給腸胃充分的時間處理食物。**只有等到胃部徹底清空、獲得足夠休息，感覺舒服一些，再以「五分餓喝水、七分餓進食」的方式進食，才能避免腸胃過度工作。**

## 動機夠強，就有動力完成艱鉅任務

中國喜劇演員賈玲的 2024 年賀歲片《熱辣滾燙》票房

高達人民幣 27.7 億元（約新台幣 120 億元）。片中她飾演一位拳擊選手，而拳擊選手參賽必須達到體重要求，於是她展開了魔鬼式訓練和減重。為了拍這部電影，賈玲先增重 20 公斤，再減重 50 公斤；在片尾花絮中，她公開了每日詳實記錄的減肥日記。有一天，她偷吃了一小塊蛋糕，然後憤怒喊道：「我他媽的真的好想吃東西！」那一幕讓我感同身受，深刻理解她的心情。

許多演員在飾演減肥角色時可能藉助化妝特效讓形象改變，但賈玲卻在短短 8 個月內，從 105 公斤減至 54.5 公斤，幾乎減掉了「半個自己」。她能完成如此艱鉅的任務，可能有兩大動機：一是因與金主簽約拍攝該影片，拿到了數千萬片酬，不可能反悔；二是為了自身健康與外貌，畢竟長期肥胖必然伴隨諸多健康問題。無論是自發還是被迫，只有擁有強烈動機，才能忍受不適和辛苦去完成任務。

我記得有次做胃鏡檢查，醫生要求檢查前 12 小時內不得進食喝水，這讓我十分痛苦，但我知道那只是短暫的，只要檢查結束就能恢復正常飲食。檢查費用昂貴，醫生又嚴苛，我只能咬牙忍受那份餓感。然而檢查一結束，因為餓得過久與覺得委屈，我便立刻報復性大吃大喝，徹底滿足了自己的食慾。

這種因被迫而產生的餓感只為應付檢查，檢查後便拋諸腦後；但後來，由於長期腸胃不佳、經常脹氣，加上大便散狀、排便不盡，我迫切想改變這種狀態。所謂「目標明確、動機強烈」出於這個強烈的主動動機，我才願意接受營養師建議的「五分餓喝水、七分餓進食」法，試著忍受並利用那份餓感。

做投資也必須有明確目標與強烈動機：有人為改善生活，有人為買房、結婚成家、環遊世界、享受財富自由而努力。因為有明確的動機和目標，才會願意花時間學習、研究和練習投資；才會聽從我的指導，在外匯保證金的模擬倉中反覆演練各種可能情境，直到達到我規定的「獲利13％、每日最大停損5％以內、總虧12％」的合格標準後，才下場操作真倉。

## 大便是了解身體的重要指標

除了忍餓，營養師還給了我一項功課：觀察大便。從年輕時學習預防醫學起，我便養成了觀察自己大便的習慣。我知道，健康的大便應該是成形呈條狀，表面光滑或略帶裂

紋,顏色黃褐或金黃,且能微微漂浮於水面上;若攝取足夠纖維,甚至還會帶有些許氣孔。這些都是健康大便的重要指標。然而,當營養師要求我每天拍下排便情況時,我曾掙扎良久,但為了健康,我最終還是拿起手機,戰戰兢兢地記錄下馬桶中的大便。

很多人光是面對大便就需要莫大勇氣,更遑論拍下來。很多人寧可當鏟屎官去清理貓便,也不敢直視自己馬桶中的大便;而我,屬於行動力強的牡羊座,願意正視這個問題,因此在營養師的個案中,我算是最快做到這件事的人。

深入研究後,我才了解到大便蘊含許多學問。你知道大便的本色其實是灰白色嗎?這聽起來似乎不合邏輯,畢竟大便不該混合我們攝入食物的顏色嗎?營養師解釋道:「大便的顏色來源主要是人體紅血球經過 120 天後死亡,其血基質轉化為膽紅素,再送至肝臟,代謝融入膽汁,最後由膽道排入腸道,經過大腸內微生物作用才會有黃棕色。當然有些食物像是地瓜、火龍果也會改變其顏色。」

此外,**大便的觀察重點並非只有顏色,它的氣味、形狀、質地都與我們的飲食習慣及潛在疾病密切相關**。若能認真觀察每日大便,你便能調整飲食,或早發現可能的健康問題,及時就醫治療。

因此，我在課堂上除了要求學員抽血檢查，還常問：「你一天上幾次大號？你有檢查大便的習慣嗎？願不願意拍下大便作為排便紀錄？」直到現在，我的手機中仍保留著每日的大便照片，有時翻看時還會被嚇到。但透過觀察跟紀錄飲食跟身體狀態，你可以更了解自己的身體，而且這一切都不花一毛錢。你會發現，愛護自己的身體其實並不困難。

## 精心照顧身體，找出病痛的深層原因

從出生以來，身體一直陪伴著你：你要它往東，它就不敢往西；你想做什麼事，雙手總能幫你妥善辦理；你想去哪裡，雙腳就帶你前往；你想追劇看電影、欣賞美人，眼睛都讓你一覽無遺；你想吃美食，嘴巴、食道、腸胃全力支持；一旦生病，身體便會動用免疫力自我修復，完全不花你一毛錢，而且始終不離不棄。身體對你如此好，所以再怎麼照顧它都不過分。

因此，除了營養師和健身教練，我還請了整脊老師、原始點老師和物理治療師。整脊老師為我進行骨骼矯正；原始點老師在我筋絡氣淤時疏通氣血，所謂「通則不痛、痛則不

通」,每兩週定期檢查全身筋絡,有一次發現膻中穴\*超痛,老師說熱源是免疫力的能量來源,這是全身最重要的冷熱循環開關,上半身的熱無法傳導至下半身,就會造成手腳冰冷、女生婦科問題,所以自己要常常按膻中穴。某天,我因左膝莫名酸痛而向物理治療師請教:「是不是騎馬時姿勢不正確導致壓力累積?我一騎馬左膝就酸痛。」經檢查,他發現我左膝內外側肌肉非常緊繃,並一路從大腿延伸檢查,發現我的髂脛束†過於緊繃,導致施力不均、肌肉僵硬,甚至連臀部肌肉也跟著緊張,使我左半身較為無力。

在撰寫本書的一個月前,當我蹲下準備抱起貓時,竟然閃到了腰。照理說,我經常騎馬,核心肌群比一般人強,不該輕易閃腰,而且這種情況還屢屢發生,我一直不明白原因。直到那天,物理治療師終於找到了病因:原來是我的髂脛束過於緊繃。那為何我的左腳無力,而卻閃到右腰?治療師解釋說:「這是代償作用。因左腳無力,身體重心自動偏向右側,導致右側肌肉負荷過重,最終引發右腰受傷。」

---

\* 穴道位置在乳頭連成一條線的胸口正中央,具有利氣、寬胸、緩解心絞痛、心律失常、支氣管炎、嘔吐等功效。

† 髂脛束:大腿外側的一層筋膜,從臀肌筋膜延伸到脛骨外側,與臀中肌、臀大肌、股外側肌相連,在膝蓋側邊匯集成一條束狀筋膜,最後連接到脛骨結節,負責支撐臀部運動、穩定膝關節。

如果我沒有找物理治療師查明左膝真正的疼痛原因，就無法根治膝痛與閃腰問題。這與投資原理頗有相似之處：例如，2024 年 8 月初美股大跌，隔天台股下跌九百多點，乍看之下似乎台股下跌源自美股下跌，但更深層的原因卻在於 2024 年 7 月 23 日至 25 日日元升值超過 5,000 點，因為市場預期日本央行將升息，日元套利單紛紛平倉，將借低息日元投資高息美元部位提早開始平倉贖回，造成日元快速升值，原本借日元投資其他高獲利商品紛紛賣出換回日元還回銀行，形成資金流動緊縮，由於短時間賣壓太大，最終推低股價造成 8 月全球股災。因此，當股市下跌時，我們不能只看表面現象，而應探究其背後的深層原因。

在維持健康方面，我請了 5 位專家協助，也一同照我媽媽的健康，父母的健康是子女最大的基石，錢要花在刀口上，這是為了妥善照顧我的身體這個賺錢工具。我曾問過：「你賺的錢是用來做『財產』，還僅成為『遺產』？」能與配偶和孩子共享的錢稱為「財產」，而只有他們能使用的則是「遺產」。如果你無法與家人共享財富的美好，那你拚命賺錢究竟是為誰辛苦、為誰忙？

直到如今，我每天量體重，每個月還會花 2,000 元做一次空腹抽血檢查，以檢視上個月的飲食與運動成效，並找出

需要調整之處。這才是真正正確的身體管理方式；而一年僅做一次健康檢查，只算是達到最低標準。

**了解自己的身體需要什麼，認識自己的優點與缺點，都是愛自己的表現**。正如俗話所說：「今天不養生，明天就得養醫生。」所以，你是否願意花 21 天建立正確的飲食與運動習慣，讓自己窈窕健康、容光煥發，並吸引金錢能量追隨？只要你肯嘗試，即使只從零開始，踏出愛自己的第一步，就有**翻轉人生**的可能。想吸引更多金錢能量，就從關愛身體、打造有錢人的體質開始吧！

# 03
# 打破錯誤認知：
# 讓健康成為顯化財富的本錢

投資理財需要健康的身心，只有這樣你才能擁有充沛體力，與市場大戰三百回合，冷靜分析盤勢走向，用精準的投資策略創造出源源不斷的金流。雖然在「身心」中，心態是抽象且難以量化的，但身體的好壞卻可以具體衡量。若想養出一副健康好身體，最基本的就是從「飲食」下手。

如何「好好吃、正確吃」是每個人都可以練習的功課。畢竟，每天我們至少有 3 次進餐機會，加上宵夜，可能一天就有 4 次進食機會，所以**「練習吃」便成了最大的修行場，也是你無法逃避的心靈技巧**。只要你開始重視這件事，生活就會產生微妙而正向的變化。

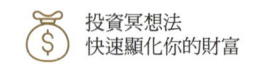

## 你有多少個錯誤的飲食認知？

有一次，我跟一位學員聊到飲食，他說：「老師，我從不吃早餐。」我問他：「那你是不是有膽結石？」他頓時大驚：「對啊，老師怎麼知道？我已經得過好幾次膽結石了！」對有些人來說空腹時間過長或使用不當的節食方式會造成膽汁的排除淤積而增加膽結石的風險。

這正是健康知識不足所致。許多人單純以為少吃就能保持健康，殊不知飲食之學問博大精深。為了減重和保持健康，我一直跟著營養師學習怎麼「吃東西」。如今，我大多採用無油料理──也就是蒸食。為此，我花了 5 萬元買了一台德國蒸爐：只要準備好營養師指定的食材，洗淨切好送進蒸爐蒸個 3 分鐘，再撒點鹽巴或胡椒粉跟好油，美味健康的餐點就完成了。

記得一次課後閒聊，學員 G 君問我減重祕訣，我提到自己每餐都吃蒸食，G 君皺眉道：「全部都用蒸的？那樣好吃嗎？」我回道：「很好吃啊，原汁原味，能嘗到食物最純粹的美味。」如今吃慣了這種健康食物，我已無法再接受重口味，因為我能真切感受到自己的身體變得乾淨、舒服。

G 君仍半信半疑地問：「所以老師每天只吃一餐蒸食

嗎？」我說：「不一定。當我學會怎麼聰明吃、成功減重後，就不再拘泥於一天幾餐，而是根據身體狀況靈活調整進食種類和次數。例如，我出國旅遊時為了品嚐當地美食，會大吃大喝；但回國後，我就會開始『清腸』來調整身體。」

G君問：「清腸？怎麼清？是不吃東西嗎？」我搖頭說：「不，是採用軟質低渣好消化的飲食為主。像是白飯、吐司、白肉去皮跟筋，纖維類食物降低，要吃就以瓜果類、木耳海帶等蔬菜水果為主，這樣身體就會逐漸代謝掉大吃大喝所累積的熱量，再從排便中檢視清腸效果。」真正健康的飲食並不苛刻：我長期吃清淡的蒸食，但也會允許自己每週吃一次大餐；餐後讓身體進入短暫休息期，既滿足口腹之欲，又不損健康。

G君聞言還是疑惑地問：「可是，吃澱粉不是會發胖嗎？」我說，其實大量且單一的含油澱粉像是麵線糊、炒飯、炒麵的確容易使人發胖，但也不能完全不吃澱粉。因為身體需要適量的澱粉來燃燒脂肪，還有大腦仰賴血糖來幫你在投資時做出正確判斷——譬如麥當勞的漢堡加沙拉，也可以視為一份減重食物。

G君差點驚掉下巴：「為什麼？速食不是減肥殺手嗎？」我笑道：「不全然是。漢堡基本上就是麵包、蔬菜和

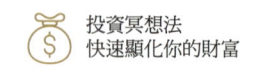

一片肉,只要不加醬汁,它就是相當乾淨的食物,偶爾吃也是解饞的減重良伴。」

G君接著細數:「那薯條、可樂、奶茶、蘋果派那些呢?」我搖搖手說:「那些就不屬於澱粉＋蛋白質＋蔬菜的合理組合,自然是吃不得的。」

考量我的腸胃狀況,營養師教我進食順序也要有所調整:**首先必須「乾溼分離」,餐中不喝湯,至少等飯後20分鐘再喝;前三口必吃蛋白質食物,再吃白飯及蔬菜,水果則宜飯後食用**。坊間常說多吃水果,以前我也認為水果吃得越多越好,但其實過猶不及,適量才是關鍵。這些都是我長期諮詢營養師所學到的知識。

## 零食怎麼吃也是有學問的

藉著這次減重的機會,我成功戒掉了五十多年吃宵夜的習慣——對一個吃貨來說,真是不容易。但零食我還是會吃,只是吃法變得更有「儀式感」。營養師教我用小碟子裝零食,這樣我就能清楚知道自己究竟吃了多少。比如,我會準備兩碟爆米花,吃完這兩碟,滿足感就油然而生;不像以

前拿著一大包邊做事邊吃，結果不知不覺就吃下了海量的爆米花。

當然，我也不是每次都能乖乖只吃兩碟，偶爾也會忍不住多吃幾碟，但原則始終是：**等待消化完再進食下一餐**。畢竟，我們都是人，無法像機器一樣一板一眼、毫無差錯；**我們也必須接受自己的不完美，不必逼著自己絕對不吃某些東西，否則人生就會變得太無趣**。

即使無法嚴格遵守規定，但「用小碟子吃零食」這個方法依然有效。它不僅幫助我控制攝取量，更重要的是讓我開始重視「吃零食」這件事，時刻提醒自己：「這次零食吃多了，空腹時間要拉長，下次吃的量要減少。」如果你能在規定的小碟子數內獲得滿足，那是最理想的；若做不到，至少也獲得了滿足感，事後再懂得如何平衡身體就好。如此有意識地保護自己的身體，也是一種「覺察」。

那麼，何謂「覺察」？

**覺察是一種心理過程，即專注於當下，不帶評判地觀察自己，能從主觀和客觀角度留意自己在想法、情緒、行為上的微妙變化**。自 1970 年代以來，臨床心理學和精神病學就開發了許多基於覺察的治療方法，幫助患者體驗各種心理狀況，臨床研究也證明「覺察」對身體和心理健康都有好處。

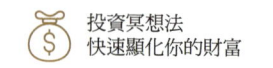

而且,「覺察」不僅用來治療身心疾病,還可以應用在日常生活中。比如,把覺察的功夫用在「吃」這個行為上也是正念飲食所依循的原則,認真觀察自己的進食情況、學習怎麼聰明地吃,身體自然會越來越健康。

## 透過飲食,深入了解自己

我非常喜歡吃法國長棍麵包,一個人能一口氣吃下一整條。有一次,我連續吃了兩三天,結果開始鼻子過敏。由於我的鼻子過敏本來就有遺傳傾向,起初我沒太在意,但後來情況惡化,連右眼都長出針眼。後來,我向營養師反映這個問題,她告訴我:「上次血液檢查發現你對麩質過敏,你最近吃了太多法國長棍麵包,這可能就是你鼻子過敏的原因;針眼也是身體發炎的一種反應,這都跟麩質有關哦!」

麩質是一種存在於小麥、大麥及黑麥等穀物中的蛋白質(俗稱麵筋),當它無法被腸胃完全分解利用可能引起免疫反應,這就是所謂的「麩質不耐症」。而在我身上就誘發我的鼻子過敏,聽完營養師的解釋,我便馬上停止食用法國長棍麵包,結果鼻子果然不再過敏。

如果你想用自己的身體去真正享受人生，那就必須積極了解自己的身體，找出它的極限和潛能。其次，千萬別讓錯誤的飲食，造成身體長期處於慢性發炎的狀態，因為所有癌症等慢性病都與身體發炎有關──這也是我目前健康管理的重點目標。

至於我曾說過想參加健美比賽，其實也只是為了學會如何控制自己的身體。畢竟，只有能掌控自己身體的人，才能掌控更多事。能參加健美比賽的人都非常了不起，他們必須嚴格自律，不斷和自己的食慾做拉鋸戰；而我僅僅是想體驗那種狀態和成果，並沒有把它當作健康的終極目標。

因為我一直注重飲食與身體管理，所以現在比以前健康得多，幾乎不怎麼看醫生。偶爾小感冒，我也會請教營養師用什麼食療法調整；真的太嚴重時，才會去看醫生，一旦病情好轉，就繼續用食療法。中西藥皆有「藥三分毒」之說，不需要的藥物還是少吃為妙。而困擾我媽媽多年的類風溼性關節炎，以及許多老年人常見的慢性病，也在營養師的指導下，用食療法改善了不少。

> 投資冥想法
> 快速顯化你的財富

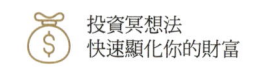

## 錯誤的金錢認知，讓人賺小錢賠大錢

我媽媽是一個非常節省的傳統婦女，放了好幾天的食物或飯菜都捨不得丟，總覺得東西沒壞就可以吃，結果硬是吃下肚。殊不知，這些菜裡可能含有大量細菌或黴菌，長期下來會讓人體處於發炎狀態。

我曾勸過她：「我請營養師教你怎麼正確飲食，花了幾千、幾萬塊，你省那一點菜到底省了多少錢？」她卻不知道，自己身體不舒服，正是因為吃了那些不健康或過期的食物，然後生病，花更多錢看醫生、吃藥打針。這一切，都源於她對飲食的錯誤認知。**認知養成習慣，習慣決定命運**，所以她常常因此吃苦受罪。

此外，我媽媽還會去找原始點老師按摩。我們家住在新北市鶯歌，而原始點老師的工作室在台北市南港；我媽媽會搭火車到南港，然後因為省錢，工作室離火車站約 2 公里，她就選擇步行過去。老師幫她做完按摩，緩解了身體痠痛後，她又慢慢走回車站搭車。真是怨不得我每次都嘮叨：「媽，為什麼不搭計程車？來回火車站不過四百多元，花點錢治療，省得走路又累又受傷，這樣的治療還有什麼意義？」

## 03. 打破錯誤認知：讓健康成為顯化財富的本錢

　　我也讓媽媽去整脊。整脊師的工作室在台北市，如果我有空就載她過去，若沒空，就叫計程車。矯正骨頭的費用是 700 元，來回車資 2,200 元，每次整脊回來，她都覺得通體舒暢。結果沒多久，她又拉著菜籃車去買菜，而且一次買得超多，總要又推又拉地把菜帶回家。只要這麼一折騰，她的筋骨又受傷了，之前整脊花的 2,900 元也就打了水漂。每次遇到這種情況，我都頭痛地問：「媽，你買那麼多菜，能不能直接坐計程車回來？多花 80、100 元又怎樣？」

　　這正是一種「省小錢花大錢」的錯誤認知。她總認為省下這點小錢就是成就感，而這種不划算的勤儉持家法，正是從小家庭教育中養成的。可惜，不管我怎麼勸她，她始終覺察不到自己的認知有誤，不明白只有改變金錢使用的心態，才能跳脫病痛與治療的惡性循環。

　　說了這麼多，你是不是也從這些事例中看到了自己的影子？是不是也因為省那點小錢，一直在委屈自己的身體？我常說：「**金錢能量不喜歡跟生病或不愛惜自己的人打交道，而『斤斤計較』更不是有錢人的思維。**」所以，請你用「聰明吃」去改善健康，檢視自己有哪些錯誤的飲食認知，一一修正。只要你該吃的就吃，該花的就花，用心愛惜身體，它一定會為你帶來意想不到的豐盛回報！

Part
2

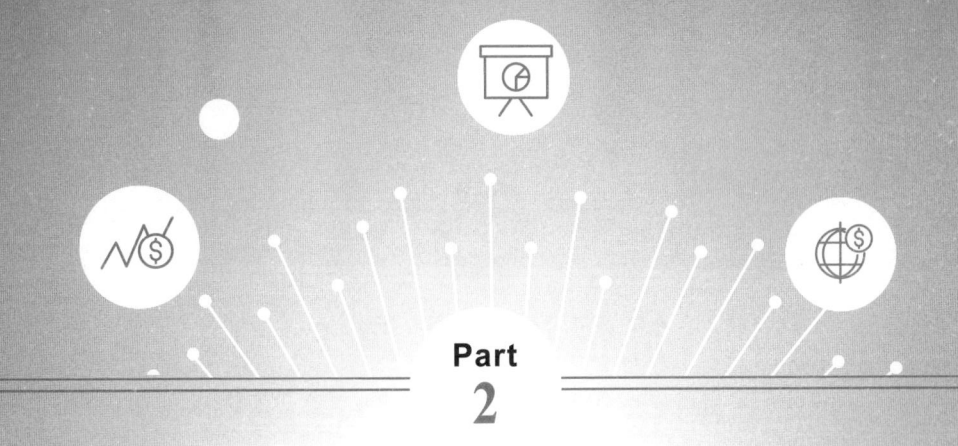

像戀愛般善待金錢

投資冥想法
快速顯化你的財富

## 04

# 從恨錢到愛錢：
# 揭開金錢流失的內在祕密

　　我小時候家裡是做生意的，我爸爸開了一家佛具店，當時生意興隆，門前車水馬龍，客人絡繹不絕。爸爸隔三差五就受邀到客人家裡安香爐、請神明、為佛像開光……不僅讓我們一家過得富足安逸，他也因為專業而受人敬重，享有一定的社會地位。

　　豈料，好景不長。我念國三時，爸爸迷上了大家樂，開始四處求名牌，甚至當起了組頭莊家。高收入雖帶來不少錢，但也意味著高風險。有一期，一個賭客贏了很多錢，爸爸做莊家爆倉無法賠給賭客，只好連夜帶著我們全家跑路。

　　最初，我們一家暫時躲在房東家，幾經輾轉流離，最後偷偷住進了祖母家。以為躲債成功後，生活會慢慢恢復平靜，沒想到債主竟跑到我學校守株待兔，等我放學後悄悄跟

蹤我回家，最終找到了我爸爸。

結果，我家的佛具店全部抵押出去，還是不夠還債。最後，祖母、叔叔嬸嬸和姑姑聯手處理剩餘債務。失去名聲和事業的爸爸也因此一蹶不振，還雪上加霜被查出罹患鼻咽癌第四期，全家頓時陷入一片愁雲慘霧。

我很感激姑姑當時仗義相助，讓我們一家住進她的房子，還不收房租，免去了我們不少負擔；但生活費還是得自己想辦法。失去佛具店這個主要收入來源，家中經濟頓時變得異常拮据。為了幫爸爸治病，我們家更是傾盡所有。記得當時有人跟我們報了一劑抗癌藥草偏方，一斤就要 5 萬元，而我打工的薪水一個月才 15,000 元，最後只好四處向親戚借錢，才湊足錢買到那偏方。

我自認並非一個愛讀書的孩子，遇到家變也沒心思準備聯考，最後只好就讀泰山高中的夜間部。白天我就在加油站打工貼補家用；而當國中同學們開心度過高中生活時，我卻忙著打工掙錢、載爸爸去台大醫院看病、陪爸爸做放療與化療。整整三年，我在加油站和醫院之間不斷進進出出，每天一醒來，腦海裡只有一個問題：錢從哪裡來？從未享受過一點無憂的年少時光。

那時候，我非常需要錢，但也暗暗恨著錢──因為什麼

都要錢，我年紀小賺不了什麼錢，一家人每天都被錢逼得喘不過氣，日子過得極其痛苦。高三快畢業的那年，纏綿病痛多年的爸爸終於不敵病魔撒手人寰。在失去至親的悲痛中，我還得肩負起家中長子的責任。讀專科時，我每天早上5點起床送報，晚上到民歌西餐廳唱歌、週末假日幫人修電腦，沒日沒夜拚命賺錢。

對貧困、對病痛、對死亡、對金錢的無能為力讓我憤怒，我不停追問：為什麼我家會發生這些事？為什麼我小小年紀就要出來工作，面對殘酷的現實，不能好好當個學生？我痛恨家中的不幸、命運的不公、缺錢的折磨，不喜歡我的出身，也不喜歡這個人生劇本。若不是為了賺錢，我又何至於此？於是，我無形中把滿腔的恨意轉嫁到「錢」上，「恨錢、討厭錢」的念頭便深深植入了我的潛意識。

一個人若想賺錢、想富有，自然該愛錢。一直以來，我都以為自己很愛錢。後來，我學了吸引力法則，得知你給錢什麼能量，錢就回應你什麼能量。當時我似懂非懂，但也開始懷疑自己：「我真的愛錢嗎？如果我愛錢，為什麼錢卻總離我而去？」我花了將近五年的時間，才逐漸撥開迷霧，發現原來我不但不愛錢，反而還恨錢。

回顧過往，我覺察到自己其實很會賺錢，但錢總是以各

種方式離開我，例如：三不五時收到的罰單、摩托車的避震器、化油器或輪胎換新；又如就讀商業設計科的妹妹總需要材料費、印刷費、模型製作費……彷彿冥冥中有個「錢進來沒多久，很快又花出去」的模式在重複運行。

後來，我透過不斷的反思與冥想，開始去確認自己究竟是「愛錢」還是「需要錢」，最終驚訝地發現：原來我不但不愛錢，還恨錢。錢本身並沒有問題，只是成了代罪羔羊。像我這般對錢心存抗拒，拚命把錢往外推，當然無法留住錢。這也正是我多年在金錢漩渦中打轉、經歷三次破產、慘賠千萬的主要內在原因。

家家有本難唸的經，人人都有難說的情。這就是我的人生故事。在摸爬打滾中，我找出了自己經濟窘迫的原因，並重新與錢建立了正向關係，才能從谷底翻轉人生。我相信你也有自己的故事、自己的錢關要過，所以**你必須先搞清楚自己究竟是愛錢、需要錢，還是討厭錢，才能擺脫那些阻礙你成功的桎梏，順利踏上光明的「錢」途。**

投資冥想法
快速顯化你的財富

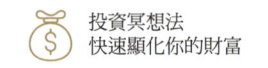

## 找出你無法賺到錢的內在原因

談到理財投資，許多人總想找到好的投資標的，或尋求理財專家的協助，卻很少有人會思考自己與金錢的關係。事實上，這正是影響一個人是否能賺到錢的主因。如果你與錢的關係不對，就算理智上再怎麼想賺錢，潛意識裡你還是會不斷地將錢推開。結果怎樣？不管你怎麼拚命賺錢，都留不住錢，始終成不了有錢人。

如果你不知道自己的金錢信念卡在哪裡，不妨靜下心來檢視自己是否存在以下心態——它們可能正是你無法致富的深層原因：

- ☐ 討厭為錢工作
- ☐ 不喜歡把錢留在身上
- ☐ 覺得錢很髒，比馬桶裡的細菌還多
- ☐ 討厭錢，覺得錢一多就會帶來災難
- ☐ 做人要知足常樂，不應該渴望太多
- ☐ 只要花高額的錢，就會感到害怕和內疚
- ☐ 生活必須節儉，一毛錢都不能浪費
- ☐ 一旦有了錢，第一個想到就是存錢

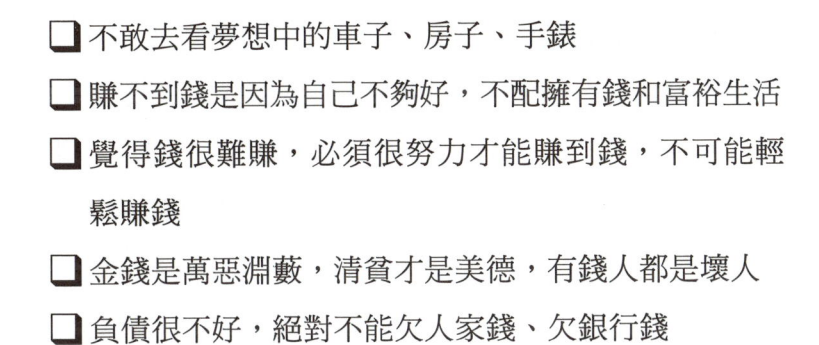

- ☐ 不敢去看夢想中的車子、房子、手錶
- ☐ 賺不到錢是因為自己不夠好，不配擁有錢和富裕生活
- ☐ 覺得錢很難賺，必須很努力才能賺到錢，不可能輕鬆賺錢
- ☐ 金錢是萬惡淵藪，清貧才是美德，有錢人都是壞人
- ☐ 負債很不好，絕對不能欠人家錢、欠銀行錢

這些想法的根源往往牽涉到許多心理因素，可能來自童年經歷或某個重大事件。譬如，小時候爸媽常因沒錢而吵架，讓孩子無形中把金錢與害怕、不安連結在一起，認為錢等同於吵架和危險。每當有機會賺錢，孩子便會下意識抗拒或阻擋，最終與錢擦肩而過。

我還發現，很多父母都「很用心把小孩養廢」。許多小孩的想法和行為，都是由父母和從小的環境所教化出來的，這些教導往往成為孩子的制約，逐漸變成他們的直覺反應，終其一生都在左右他們。

譬如說，爸媽帶著小孩逛街，孩子看到喜歡的玩具吵著要買。有些爸媽會先看看自己的口袋，買得起就買；但有些爸媽則毫不考慮，一開口就說：「這個太貴了，我們家買不起啦！」結果，孩子從小就一直接收到「這個太貴了，我們

家買不起」的訊息。每次提出需求，爸媽都無法滿足，甚至還可能因此挨罵。孩子久而久之便會覺得，因為家裡窮，凡是喜歡的、漂亮的、昂貴的東西，都只能望而卻步，難以相信自己的需求是重要的，進而覺得自己不配擁有好東西。

更糟糕的是，這種貧窮的烙印可能讓孩子失去自信，覺得自己不夠優秀，下意識地去討好、迎合別人以獲得認同；或因被灌輸「便宜就好」的觀念，每次購物只挑便宜的東西買，稍微多花一點錢就會感到罪惡感。久而久之，孩子甚至不知道自己真正想要什麼，失去了「我想要」的慾望，也就失去了進步的動力。長大後，便很難積極追求理想或喜歡的工作，自然也就難以賺到錢。

**你不妨靜下心來，認真追本溯源，找出究竟是什麼原因造成你對金錢的這些錯誤認知**，這將有助於你快速修正那些不當心態。

## 面對、接納匱乏，然後和解

當你找出導致錯誤心態的真正原因時，不用急著否認，也毋須抗拒它。不妨試著面對這件事，接納這樣的自己，並

與自己和解。這需要你與內在進行深層溝通，我知道這不容易，但唯有跨過這一關，你才可能真正擁有想要的一切。

**如果你不願意走過「面對、接納、和解」這三個步驟，你的人生就會一直原地踏步。**我以前就是這樣，因為抗拒「我恨錢」這件事，讓我把太多時間和精力耗費在自我內耗上，結果在這部分的人生卡了很久。

我相信很多人也跟我一樣，人生總會卡在某個點上，畢竟「改變」本來就是一場漫長的旅程。不過沒關係，現在你已經覺察到這件事，覺察到自己的問題就是一個好的開始，這表示你已經具備了「看清自己」的能力。你可以經常和自己對話，慢慢說服自己接受改變。

也許某一天，某一個事件會激發你改變目前的狀態。就像我第一次聽說吸引力法則時，壓根就不相信，認為只唸唸口訣就能心想事成，天底下哪有這種好事？但後來我試過所有認為可以改變生活的方法，卻都無效。就在那個機緣下，我下定決心：「好吧，既然別人都說有效，那我也來試試看吧，就算沒效也無妨。」我終於願意面對失敗，接納那個失敗的自己，給自己一個嘗試的機會，結果我成功了。那你呢？

只要你願意開始認識自己，重新檢視你與金錢的關係，

修正那些錯誤的限制性信念,並與金錢重新建立正確的新關係,那麼你的成功與富有就指日可待了。

# 05
# 從錢包開始：
# 用長皮夾招來財富與貴人

在一次聚餐會上，我問了身旁的學員 B 君一個問題：「你愛錢嗎？」

當時，B 君剛上我的課，收入還不太穩定，生活略顯拮据，一聽到「錢」這個字，立刻兩眼放光：「當然愛啊，這還用問？」

我抬起下巴，淡淡地說：「那你把皮夾拿出來給我看看。」

「蛤？哦，好。」B 君滿臉狐疑從包包裡抽出他的皮夾，遞到我面前。

那是一個手掌大小的深藍色皮夾，前後各有一個拉鍊的小夾。這種尺寸的皮夾，鈔票必須折起來才能放入。我搖了搖頭說：「不，你不愛錢。」

B君頓時瞪大了眼睛，不敢相信反問：「怎麼可能？我哪兒不愛錢了？」

我指著他的皮夾回應：「因為你讓你的錢住得不舒服啊！」

他不服氣道：「怎麼會？我的皮夾又沒亂塞東西，我的錢住得很寬敞啊。」

看著他那有點扁、明顯空蕩蕩的皮夾，我說：「你把鈔票都對折了！要是有人把你這樣對折起來塞進什麼地方，你能舒服嗎？」

「是不能啦……」B君有點羞愧，接著問：「那老師的皮夾是長什麼樣子？」

我便恭謹拿出我的皮夾──一個帶拉鍊的長皮夾。我熟練拉開拉鍊，裡頭整齊放著一大疊百元鈔；每張鈔票都排列得整整齊齊、方向一致。100元、500元、1,000元、2,000元的鈔票分別安置在不同的夾層中，而百元鈔的數量更是特別多。

從未見過這陣仗的B君驚呼道：「老師，你的皮夾好整齊哦！」接著，便開始了一連串的提問：

## 1. 為什麼要有拉鍊，這不是很麻煩嗎？

拉鍊是為了保護皮夾中的錢。皮夾放在包包裡，很可能被其他東西碰撞擠壓，**有了拉鍊，皮夾內的錢就不容易受損**。而且，在命理學上也有避免漏財的寓意。

剛開始使用有拉鍊的長皮夾時，確實會覺得比以前麻煩；但人只要 21 天，就能養成一個習慣。當你習慣了，就不會再覺得麻煩了；哪天用到一個沒有拉鍊的皮夾，你還會覺得不習慣嗎？

## 2. 為什麼百元鈔特別多？放幾張千元鈔不是更省事嗎？

因為我每一張鈔票都承載著我許下的願望和植入的訊息，所以**鈔票數量越多，我願望實現的機率就越高**。

不得不說，有些人天生就跟你不對盤，不會想跟你建立合作關係或提供賺錢機會。在茫茫人海中，要找到跟你有錢緣的人並不容易，但透過錢來找就不一樣了。

人可能討厭人，但卻不會討厭錢。即便是一個你非常討

厭的人,如果他要給你一大筆錢,你也不會拒絕,而且還會慷慨收下——恨他就要花他的錢!所以錢能突破個人認知的隔閡,往四面八方流動。

吸引力法則說:「同頻共振,同質相吸。」振動頻率相同的東西,會自然而然互相吸引。當我每張承載訊息的鈔票,透過無數雙手的買賣交易將我的願望散播出去後,就有機會找到與我能量共振的人,吸引與我理念相同的貴人。這就是我用錢去找貴人的原因,所以找人的鈔票越多越好。

其實最初,我是用最小單位的 1 元硬幣——1,000 元可以換 1,000 個 1 元硬幣,等於我有 1,000 個願望小幫手,大量撒出去,讓更多人接觸到我的願望,從而提高找到貴人的機率。

不過,日常生活中,用 1 元硬幣支付不太實際:硬幣太重,而且要數錢也不方便。後來,我改成 10 元硬幣,但還是太重。帶個 2,000 元出門,就得背上 1.5 公斤硬幣,久而久之誰也吃不消,最後才改成百元鈔。

記得有一年,我去日本演講,大家都說不用換太多日幣,我卻反其道而行,一口氣換了 100 萬日幣的千元鈔票,就是為了招來更多錢財和貴人。果不其然,我在日本人生地不熟,又不通日語,卻因緣際會找到了一位很棒的合作夥

伴，他幫了我們大忙，讓學院在日本大受矚目。

此外，還有個招財的小訣竅：**你若要花錢，就盡量在擁擠的地方花，例如夜市、廟會、捷運站或高鐵站。這些地方人潮眾多，你滿載願望的鈔票和硬幣就能藉由更多人迅速傳播出去。**

## 3. 為什麼要把鈔票和零錢分開放？

其實，這只是一種大小上的區別。紙鈔和硬幣混在一起，很容易互相摩擦、磨損紙鈔；**你應該讓紙鈔和硬幣各得其所，不互相干擾，讓它們在你的皮夾和零錢包裡都住得舒心愉快，這樣它們才不會想要離開你。**

就好比你在工作上遇到壞老闆，你肯定不想為他效力，甚至恨不得立刻跳槽；但如果你遇到一位好老闆，他看重你、賞識你、提供優厚待遇，你當然捨不得離開，想永遠留在那家公司。

所以，**我一直把我的皮夾當成六星級飯店。**當我拿到錢時，我會開心地跟它說：「歡迎來到我的飯店，希望你住得愉快！」當錢要離開時，我又會說：「謝謝光臨，希望你

多帶朋友來，我一定好好招待你們，給你們噴香水！」或者「謝謝你，我愛你，要帶 100 位朋友回來找我喔！」這些都是我非常有效的招財密語，讓我越花越有錢。

金錢也是有靈性的，我就是這樣愛它、呵護它，而它們也能感受到我的愛，越來越喜歡我，讓我財源廣進，成為一個真正的金錢磁鐵。

## 4. 為什麼要用長皮夾和零錢包？

吸引力法則告訴我們：「越重視金錢，就越能吸引金錢靠近。」**選用長皮夾是內心對錢的一種尊重，給錢一個舒服的家**，尤其男生用長皮夾是麻煩的，還要準備一個提包來放長皮夾。

其實，選購帶拉練的長皮夾不用堅持精品名牌，只要看得順眼即可，我的皮夾也才新台幣 3,000 元就很有質感，同時也保護了裡面的鈔票。當鈔票感受到你對它們的疼愛，它們又怎會捨得離開你？即使不得不離開，也會努力回到你這個疼惜它們的人身邊。

其次，日本最負盛名的稅務專家龜田潤一郎在暢銷著作

《為什麼有錢人都用長皮夾？》中提到「年收入 200 倍法則」。龜田先生觀察過許多大老闆的錢包，發現一個人的年收入大約等於他錢包價格的 200 倍。因為一個人對待錢包的態度，就如同他對待金錢的態度。果然如此，你買貴一點的錢包，年收入也會跟著水漲船高。這可是龜田先生近距離觀察 500 位大老闆後得出的數字，頗有參考價值。

回想 1989 年，高中時我在中油加油站當工讀生。當時，開著賓士來加油的車主大多從長皮夾拿錢給我，而我心裡卻想：「拿長皮夾這麼麻煩，我才不要用長夾呢！」多年後，當我讀到龜田先生的書，才驚覺原來潛意識對金錢的抗拒與錯誤認知，讓我錯失了提早改變命運的機會。

此外，命理學認為皮夾顏色以五行中「土」的顏色為佳，例如黃色、咖啡色和卡其色，因為「土」會生「金」，是很旺財的組合。也可以選用屬於「金」的顏色，如白色、銀色和金色；不過若用白色錢包，記得要保持乾淨，因為一旦髒了就會影響財運。若不知道怎麼選顏色，黑色是百搭最安全的顏色。雖然我們不一定懂命理，但寧可信其有，反正照做也沒什麼損失，不是嗎？

聽完我的一番解說，B 君回頭看了看自己那個「簡樸」

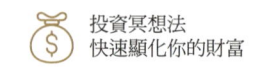

的皮夾,臉上滿是悲憤地說:「好啦好啦,老師的皮夾就是豪宅,我的皮夾就是違章建築。錢都喜歡住老師的皮夾,不喜歡住我的皮夾,我這就去換個長皮夾,行了吧?」

我拍拍他的肩,滿意地笑道:「行,孺子可教也。」

## 錢包決定了你看待金錢的態度

其實,每次我在課堂上幫學員檢查皮夾時,我都在觀察他們對金錢的態度。有些人會隨便將鈔票塞進皮夾,裡面還塞滿了亂七八糟的硬幣、名片、會員卡、集點卡、折價券……還有人乾脆把皮夾塞在褲袋後面、坐在屁股底下,甚至皮夾已破舊不堪了,卻不捨得丟掉繼續使用。殊不知,皮夾破損可是大忌,意味著錢財正往外流,而且皮夾外表差,錢財也不會主動靠近。就算再貴的皮夾,只要破損了就得立刻換新,否則錢進不了、也留不住。具有這種習慣的人,多半就不是有錢人,因為他們不懂得重視錢、不懂得愛錢。

在檢查學員皮夾後,我常發現七、八成的皮夾都是不及格的。但當我問他們「愛不愛錢」時,每個人都斬釘截鐵地說:「愛錢!」**其實,他們所謂的「愛錢」並不是真的愛**

錢，而只是「需要錢」——他們需要錢來解決問題、提供享樂。他們看重的是錢帶來的好處，而不是錢本身的價值。否則，怎麼可能捨得讓錢住在那麼簡陋、雜亂的地方呢？

金錢是一種流動的能量，每個人都有機會吸取金錢能量，但為何金錢卻只會流進少數人的口袋？這就與一個人看待錢的態度密切相關。這可不是我個人的見解，而是有科學實驗驗證過的事實。

龜田潤一郎先生曾實際觀察過 500 位大老闆的錢包，發現這些有錢老闆都使用長皮夾。當時他心裡想：「果然，會賺錢的老闆都是用長皮夾。」後來，他太太送了他一個高級的長皮夾，和他見過的一位公司獲利穩定的老闆用的一模一樣。

於是，龜田開始嘗試使用這個高級長皮夾，不久便接到一筆大生意，明顯感受到長皮夾的威力。**其實，並不是長皮夾有什麼神祕力量，而是當你用上漂亮的長皮夾時，你的心態會改變。你會意識到金錢的重要，並且更謹慎使用與對待金錢。你給出去的是什麼能量，宇宙就回應你什麼能量；你如此愛護金錢，金錢自然也會回報你以愛，積極向你靠攏，讓你越來越富有。**

所以，看完這篇文章，趕緊把不及格的錢包換了，然後

把每張鈔票整理好，小心放進長皮夾。還要不時跟錢說話，表達你對它的愛與感謝，甚至可以把它當作閨蜜，跟它說心事、講好話，也可以當成祈願卡，將你的心願和夢想告訴它。待到它乘著你的願望廣布四方時，定能為你帶來源源不絕的財富與貴人，讓你成為一個心想事成的有錢人！

Part
3

# 起心動念，
# 讓金錢能量暢通

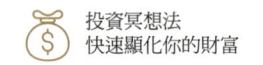

# 06

# 與市場共振：克服匱乏、不配擁有和完美主義

「匱乏」、「不配擁有」、「完美主義」在投資中的表現，其實都是負能量的來源。

## 匱乏感：無法填滿的無底洞

匱乏感就像一個無底洞，無論你擁有多麼金山銀山，心中總覺得自己一無所有。這種感覺源自自卑、缺乏愛與自我認同，你總把注意力放在外在，尋求外界認同；但即便獲得外在支持，你依然感到空虛。在投資上，這表現為賺錢時永不滿足、想賺更多（典型的貪婪現象），而賠錢時卻不肯認錯、認賠，固執地與市場對抗，形成所謂的「凹單」。

## 不配擁有：自卑與機會拒絕

「我配嗎？我值得嗎？」這種不配擁有感，同樣來自自卑、缺乏愛與自我認同。當你認為自己不配擁有好生活與財富時，當機會出現時，你總先懷疑、拒絕，因為覺得自己沒有那麼好、值得更好的機會。

這導致你在投資時小心翼翼、做對不敢加碼放大獲利；或是即使鼓起勇氣嘗試加碼，也因出師不利而產生更大虧損，最終退回原點，自我否定地說：「看吧！我已經努力過了，但我天生就沒賺大錢的命！」總是會找各種藉口證明自己不配擁有。

## 完美主義：致命的投資缺陷

完美主義，本以為是優秀人格的標誌，卻在投資世界中成了嚴重缺陷。完美主義往往是以自己的角度為中心，設定一個理想化的完美情境——譬如，我想在某個完美價位賣出，卻完全忽略了市場是活的，不是我說價格到哪就能到哪的！我又不是主力，沒有操控市場漲跌的能力，那是主力的

### 投資冥想法
#### 快速顯化你的財富

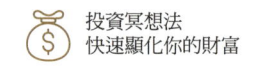

專屬權利。

有一次，學員陳君跟我分享，她用 200 美元本金連續三天每天賺了一百多美元，卻在第四天賠了五十多美元。她憤怒地想要迅速賺回那賠掉的錢，結果氣急攻心亂下單，反而賠了更多。我問她是否有完美主義？她老公在旁邊聽到，猛點頭說：「她是處女座，天生完美主義。」我便告訴她：「妳要做的第一件事，就是放過自己，徹底了解投資的潛規則：**盤是活的；唯一不變的就是『變』。既然市場既活又變，我們只能扮演『跟盤手』的角色，接受它不可能完全依我們意念發展。允許自己有時跟不上主力，被甩下車，賠錢是正常的。**」

況且，三天賺了三百多美元，第四天只賠了五十多美元，你實際上仍賺了兩百五十多美元，每天超過新台幣 2,000 元的收入，這已經非常棒了！陳君聽了後問：「真的嗎？我很棒嗎？」我斬釘截鐵地回應：「是的，真的很棒！」

## 與盤共振：捕捉市場脈動

你在投資中是否曾強烈感覺到：「市場總是跟我對著

幹,我買漲它就跌,我買跌它就漲!」彷彿自己就是個地獄倒楣鬼。其實,這是因為你的看法與市場不同步。從量子同頻共振的角度來看,你與市場的頻率不一致。如何才能達到一致呢?首先,透過 8888 呼吸法(參考「投資冥想行動練習本」)讓自己「慢」下來,讓心靜下來;只有心靜,才能與市場對頻,用心感受市場如同呼吸般的脈動。當你跟上市場的節奏,代表你已成功對頻,此時才是出手的好時機。但好時機出手並不意味著一定獲利,因為市場唯一不變的就是「變」。今天你跟上了節奏,過一段時間市場又會改變節奏,所以你**必須隨時保持與市場對頻**。

## 量力而行:取之不竭的財源

「弱水三千只取一瓢飲」——**做自己最舒服、最有把握的一段即可先獲利出場**。所謂「青山常在、綠水長流」,只要世界不毀滅,外匯市場永遠開市,總有你看得懂的市場讓你輕鬆賺錢,就如同取之不竭的財源。

# 07

# 念頭的威力：
# 驅動行動的原動力

　　根據研究人腦一天會竄起又消失 6 萬次念頭。聖嚴法師曾說：「肉體上的生老病死不如心念上的生滅來得重要；如果能了解心念生滅的道理，就能不起無明，不生煩惱，而得到智慧。」這句話足見佛家對「念頭」的重視。但今天咱們不談佛法，只談腦中那一個個「念頭」對生活、工作、投資，乃至整個人生所產生的巨大影響。

　　有一天晚上，我在家看電視，剛好看到麥當勞的廣告。畫面中，兩塊雞塊裹著白色粉末，從左右兩邊向中間靠攏，頑皮地互拍兩下，然後滋溜一聲滑進油鍋，炸成鮮嫩金黃、冒著煙的熱雞塊。接著，廣告主角拿起雞塊，放肆地沾滿糖醋醬後，送進張開的大口。

　　那一刻，我的心被這畫面猛力擊中：「天哪！好想吃

哦！」這就是一個「念頭」，瞬間在我腦中如野火燎原般燃燒，驅使我當下非吃雞塊不可！

我常說：「**凡事都沒有力量，除非你賦予它力量。**」當時，我便下意識賦予了「吃雞塊」這個念頭力量。不管外面夜黑風高還是颱風下雨，我立馬騎車衝向離家最近的麥當勞，飛奔進店買雞塊。吃下雞塊那一刻，我感覺心滿意足，幸福得都想撒花了。如果當下沒買到麥當勞雞塊，我也會買個鹽酥雞，或從冰箱挖出類似的食物來解饞。

這就是「念頭」的威力：它原本是一個微小的起點，但人們會透過情緒不斷放大它。如果你沒察覺到一個念頭被啟動，沒發現它隨著情緒起舞、逐漸擴張，最終可能會讓你生活失控。

就像我如果一直沒覺察到被廣告勾起的念頭，可能就會無意識吃下任何能打動我的廣告食物，永遠沒有減重成功的一天，更可能因為毫無節制的吃喝而百病叢生。

## 觀照念頭，截斷負面情緒的滋生

這些年，我的投資主力大多放在外匯保證金上，但偶

### 投資冥想法
### 快速顯化你的財富

爾也有學員跟我聊到股票。有一天，學員 C 君跟我訴苦：「老師，我前陣子買了〇〇的股票，買在 100 元，結果一買它就往下跌，現在都跌到 80 元，我這幾天心情超差，昨天還跟女友吵架，我一直糾結要不要賣掉它。唉，我怎麼這麼倒楣？買了就跌，賣了就漲，快成股市反指標了，老天爺是不是存心不讓我賺錢？」

C 君並沒有覺察到自己起了「倒楣」的念頭。畢竟，任誰買到跌跌不休的股票，都難免會生出憤怒、焦慮、自責或恐懼等情緒，而這些**負面情緒會影響生活、工作，甚至和家人相處，更不利於投資理財**。若想避免這種狀況，就必須學會自我觀照。

那麼，什麼是「觀照」？

「觀照」是出自《楞嚴經》的佛學名詞，也是佛教中的修行法門。「觀」即觀察，「照」即照見。在生活中，無論行住坐臥，你都可以觀察自己當下的身心狀態。當你察覺到一個念頭興起時，試著與它保持一點距離，觀察它如何運作。這能使你冷靜地決定：是繼續做下去，還是就此停止。當然，如果這是一個好念頭，你也可以用正向情緒去放大它，讓它最終產生好的結果。

例如，C 君因股票下跌而煩躁不安，是因為他主觀上認

為股票下跌就是因為他倒楣，買什麼就跌什麼。若他能觀照自己的情緒、並從客觀角度分析股票下跌的原因，可能就會發現這並非與他個人有關，而是大勢所趨。於是，我告訴他：「你先不要這麼想，查查最近是否有利空消息，看看公司營收是否下降、外資是否調降評級，或許這次下跌只是短期震盪。你要像柯南一樣抽絲剝繭，找出線索，**將『分析案情→找出線索→作為下一次判斷依據』，作為你的投資公式。**」

「好的老師，我記下了。」

接著，C君又問：「所以我現在雖然買在高點，但這只是短線震盪，沒有人能事先知道，是嗎？」

我答道：「很難說，主力一定知道，外資法人一定知道，但我們散戶就一定不知道。」

他又問：「那我是不是該想辦法知道？我要不要去參加外資圈的聚會，認識一些操盤手或老闆，先一步得知消息？」

我嚴肅地說：「當然不行，這樣就變成內線交易了，這是違法的。而且這些圈子裡的消息真假難辨，不足為信。如果你確定這次下跌只是短線震盪，就再觀察一陣子。畢竟那支股票是績優股，公司前景依然很看好。」

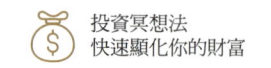

後來，C君勤做功課，認真研究市場趨勢。幾個月後，他打電話給我，開心地說：「老師，謝謝你！還好我當初忍住沒賣，熬到現在，股價終於止跌回升，不但沒賠錢，還小賺了一筆呢！」

其實，我也有許多外資圈和操盤手圈的朋友，偶爾參加他們的餐會交流投資意見。但那些建議往往真假參半，聽聽就算了，因為有時候對方只是想拉大家一起上車，或是希望別人幫他出貨。所以，千萬別把這些建議當成唯一的投資依據。

## 內線消息，讓你被人牽著鼻子走

我一直有慢跑的習慣，有時也會跟跑友一起跑步。其中一位跑友D君認識一位上市公司老闆的哥哥E君，偶爾會跟我談起這位E君的事。這家上市公司主要做手機零件，曾經是股市中的飆股。E君曾在他弟弟的公司擔任顧問，而且目前和弟弟住在一起，來自E君的消息可信度非常高；而且E君只是自己買賣股票，並沒有炒股意圖，且人品也不錯，絕非信口雌黃之輩。

有一天，D君跟我說：「前幾天我聽E君說，他弟弟的公司接到蘋果的訂單了。」當時市場還不知道這件事，但跟著D君跑步的我已經知道了。於是，在毫無預警的情況下，我得到了這個內線消息。知道就知道，我並沒有買那支股票，雖然那支股票後來漲了10倍。

我不會想賺這個錢，因為這正是標準的內線交易。若我一旦買了那支股票，就是違法行為。而且，一支股票能漲10倍，絕非一天兩天的事。它可能從10元漲到20元時，就花了兩三個月；如果你真的買下那檔股票，這過程中你就必須常常追問給你消息的人：「欸，他們公司最近的訂單還有沒有持續進來？」

畢竟，一支股票能漲10倍，絕對不是憑藉一張大訂單就能造就的，其中必定有多次利多支撐，例如該公司可能先後獲得Google、臉書或蘋果的認證。尤其是得到蘋果的認證，那就像狠狠鍍了一層金，國外廠商必定爭相跟這家公司下訂單，而這些都是陸續發生的事件。

一旦你起了「買這支股票」的念頭，並賦予它力量，就不是跟D君跑一次步能了事。你甚至得三天兩頭追著他問，因為你的投資判斷完全依賴於那條內線消息。如果你想持續持有這檔股票，就必須有消息面的利多支撐，否則你就

> 投資冥想法
> 快速顯化你的財富

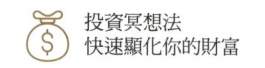

保不住它。

如此一來，你的投資就被綁住了手腳，只要 D 君不給你消息，你的判斷依據就消失了。所以，內線交易是一種最糟糕的獲利方式。它可能讓你嚐到甜頭、賺到錢，但若你長期透過這種方式投資，就等於被人掐住了命脈。別人給你消息你才能賺錢，但對方也可能放出假消息，讓你做出錯誤判斷；而且，這訊息是單向的，完全無法再次核對，這使得內線交易成為非常危險的投資策略。

你的投資最終會被牽著鼻子走，這全都源自於你跟人跑步時興起的一個念頭，一旦你賦予它力量，它便逐步把你拖進無底的黑暗深淵，造成金錢上的損失，甚至還可能導致其他方面的損失。

為了得到所謂確切的消息，你就得追著 D 君問該公司的相關訊息：「他們公司最近還有新訂單嗎？」「最近他們家的股票為什麼大跌？是不是有什麼利空消息？」但有時股票的漲跌跟基本面無關，可能只是主力的調節。你這麼一次兩次地問還好，但問多了，人家也會覺得煩，你可能不知不覺中就失去了這個朋友。

所以，**透過內線消息去做的投資決策既不正確也不合理，更無法長久。**那個「我有沒有辦法提前知道利空或利多

的消息？」的念頭，本身就是錯的。投資人用自以為對的方式去分析錯誤問題，結果當然也是錯的。

偏偏散戶普遍認為內線交易是在股市獲利最快的方法，只要知道內線消息，就能百分之百賺錢，什麼功課也不用做。其實大錯特錯，為什麼很多人投資時間越長賠得越多？正是因為他們的分析邏輯一開始就是錯的。

**做投資絕對不能靠別人。投資贏家從來只靠自己，但要靠自己，首先得有一個認知：「不要想買在最低點，賣在最高點。」**這是主力的權利，散戶根本做不到。就算偶爾買在最低點、賣在最高點也是運氣好、無法複製。但只要謹守本分，穩扎穩打，散戶也能賺到萬貫家財。

## 08

# 正念與貴人：
# 不可錯過的財富之道

以 C 君提到的 100 元股票為例，你首先要去分析那 100 元的進場點是否合理，當時是否具備進場的條件。不管你是看了某則財經報導、聽了某個投顧老師的說法，還是在某個投資 LINE 群裡跟股友討論得出的結果，只要是合理的分析，那問題就不大。畢竟，大環境的影響使得該檔股票從 100 元跌到 80 元，這其中有回測、有下跌，這都是市場正常運作的現象，你無法掌控，別人也無法掌控；只有少數主力能夠操控股價。因此，股價下跌就成了「非戰之罪」，跟你無關，不必將錯誤怪罪於自己。

有位投資界老前輩曾描述散戶的特色：「低點不敢買，高檔拚命追，大漲三天，散戶不請自來。」假如你沒有經過慎重分析，只因某檔股票連續漲了好幾天，就急忙進場下

單，結果賠錢出場，那你真的是散戶中的地獄倒楣鬼。因為這往往是主力出貨的信號——媒體放出消息吸引散戶買進，遇到這種情況，最終只能怪自己；這種賠錢就是你必須繳的「學費」，它教會你下次絕不能再因消息面的誘惑做出投資決策。

面對 C 君買的這檔股票，你可以採取兩種做法：

1. **若該公司基本面穩定不變，只是短暫回測，那你可以繼續持有這檔股票。**
2. **先做好停損點**，例如：當股價跌到 70 元時就必須停損出場；設定 10% 的停損——以 100 元計算，10% 是 10 元，當股價跌到 90 元時就必須停損。下次再進場時，嚴格遵守這個投資原則。

記住，世上沒有一套操作方法能讓人在股市只賺不賠。只要能做到大賺小賠、穩健入袋，你就已經贏了。

投資冥想法
快速顯化你的財富

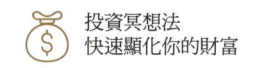

# 一個報明牌念頭，可以令人痛不欲生

我有一個操盤手朋友 F 君，有一次他注意到一支新興股票。這家公司被另一家上市公司併購，借殼上市後，F 君研究後覺得大有可為。後來，他因緣際會認識了這家公司的老闆，兩人談得甚歡，最終老闆邀請他加入操盤團隊，幫忙「控制」股價。

雖然 F 君最終沒有接受橄欖枝，但他卻買了很多該公司的股票。那支股票一開始表現良好，漸漸上漲，於是當親朋好友問他「最近有什麼好的股票可以買？」時，他毫不猶豫地報出了這支股票。

起初，大家都有賺錢；不幸的是，遇到 2022 年的全球股災後，這支股票開始暴跌，從 130 元跌到 80 元、70 元，甚至低至 50 元。在這天天跌的過程中，F 君一天到晚被追著問：「今天為什麼又跌？」「到底何時能止跌回升？」「這支股票怎麼辦？到底要不要賣？」「那你自己有賣嗎？」

F 君因為看好這家公司，股票一直沒賣，但有些人因資金不足不得不認賠殺出。F 君明明跟每個持有這支股票的人一樣都虧了錢，卻還要承受親朋好友的情緒壓力，他說那段

時間自己痛不欲生。

幸好股災過後,股價慢慢回升,他也從大賠變成小賺,但有幾個親友撐不到那波災難,甚至斷了往來。F君委屈跟我說:「我好心報股票給他們,卻要承受他們的賺賠和情緒,重點是,我根本沒收他們一毛錢好嗎?」

因此,每當有人問我:「老師,有沒有什麼股票可以報?」我一律回答:「不知道。」就算我知道,也不會跟人講,畢竟我又不是投顧老師,沒有賺取投顧費。人家賺了錢問我:「要不要加碼?什麼時候下車?」賠了錢又問:「怎麼辦?我這錢是借來的,短期內有人急用,我拿什麼還人家?」這些事與我何干?我何必自找麻煩去報明牌,畢竟那真是腦子進水了。而正是因為這樣一個念頭,我少了許多俗事煩擾,也得到了更多的清靜自在。

## 心懷正念,自有貴人來相助

還記得前言裡提到我在新北市林口買到兩間出租套房嗎?買房,只要有錢付頭期款,再去銀行借個房貸,不就買了嗎?有什麼難辦的?可真不巧,那次買房正好遇到史上最

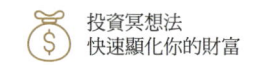

嚴苛的銀行限貸令。

為了鼓勵自住、協助青年購屋，政府在 2010 年開辦了「青年安心成家購屋優惠貸款」，以減輕民眾居住負擔。只要年滿 18 歲，且本人、配偶、未成年子女名下皆無自有住宅，經承辦銀行查證後作為自用住宅使用者，皆可申請，銀行也都會受理，而且不限首購。

原本是一項德政，沒想到截至 2024 年 6 月底，新青安貸款在五大銀行新承作房貸金額的占比竟超過 4 成，締造多年來的新高。各家銀行因房貸接近滿水位，被迫祭出各種限貸令。

例如，若申請貸款後被查出違反條約（如將房屋出租而非自住），就會失去新青安貸款的利息補貼，銀行還會追回已提供的補貼或加碼利率，並降低貸款成數與還款年限；借款人也可能被迫加購房貸壽險，或必須成為 VIP 客戶才能申貸，新貸戶還要多簽自住切結書，而且只限申貸一次。

有些銀行甚至已停止收件，隔年才重開。就算上半年已簽約、銀行已同意撥款，也得排隊等撥款，貸款何時下來仍遙遙無期。財政部表示，這是為了防止投機客、人頭戶及貸後轉租等情形。

我不是投機客，但我卻是投資客；那兩間房是買來做投

資的。撥給新青安貸款者的額度都不夠，而投資用房屋的房貸更難申辦成功。

但我的申貸案卻超級順利，這一路都有貴人相助：一是房仲林先生介紹了好物件給我；二是我那人脈極廣的阿姨；三是在阿姨引薦下，我認識了龜山農會理事長祕書秀梅姊。

我從一開始就沒有隱瞞，老老實實地告訴農會房子不是自住，而是出租做投資的。當時秀梅姊說：「老師，你這是投資用的，利息會比一般自住的高喔！」我笑說：「沒關係，只要貸得下來就好。」我不怕差1%、2%，就算是3%我也貸，畢竟我有房客幫我付房貸，頂多只是少賺而已。

也有人建議我將投資改為自住，因為那樣利率較低；但我不想這麼做，我的房子明明有六間套房，怎能自住？我寧可付較高的利息，也要走大路。有次秀梅姊說：「不好意思，你第二間房子的貸款額度從九百多萬變成八百多萬了。」我也說：「沒關係，我多準備些自備款就好。」我不斤斤計較，也不想為難別人。

**一個人的態度決定了別人是否願意幫你。**在申貸過程中，對方要我補資料、告訴我利息變高、貸款額度縮減、還款年限縮短等等，我一律回答沒關係。秀梅姊聽後非常高興，直說：「你真是個好客戶，超好的，問你什麼都說

## 投資冥想法
## 快速顯化你的財富

好。」農會遇過很多客戶連 0.1%、0.2% 都要計較，也有人惡狠狠地說：「你們不是說要貸給我 900 萬元，怎麼變成 870 萬元？這樣我還要多準備 30 萬元的自備款，而且本來說好的利息是 2.5%，怎麼變成 2.6%？不行啦，你要幫我爭取！」

承辦人員看到客戶氣急敗壞地爭辯，也會覺得壓力山大。當你遇到貴人時，你的態度非常重要；若你機車、吹毛求疵、斤斤計較，讓人家難以做事，一旦有人來搶這個額度，他可能就不想幫你，說聲：「不好意思，我們行裡的貸款額度已經沒了。」然後轉頭把額度讓給別人。

不得不說，銀行的房貸額度不夠，本就可能排除掉部分申貸案。假如我當時接洽的是一般行員，我的額度很可能就被拿走。但因為秀梅姊的層級較高，才能幫我把握住貸款，否則這兩筆貸款可能就被搶走了。

**當你渴望完成一件事時，你的念頭必須非常純粹，才能吸引眾多貴人來幫你。**我能順利拿到貸款，就是因為我發出了強烈的正念：我不鑽漏洞、不占人家便宜，該我付的錢我就付，讓幫助我的人也好做事，於是整個宇宙都聯合起來幫助我。

事後秀梅姊還說：「不知道為什麼，在你申請貸款之

後,申貸案如雪片般飛來。」想想看,是不是驚險萬分?房仲林先生聽說我拿到貸款後,恭喜我之餘也感嘆:「現在銀行真的沒有額度了,我很多客戶要買房子都貸不到款,連約都不敢簽,因為不確定因素太多了。」

由於許多人用人頭戶去貸新青安貸款,央行要求每家銀行徹查新青安貸款是否真貸給符合條件者,還是借給了投資客的人頭戶,我忍不住問:「這要怎麼查?又不可能真的跑到人家家裡查看。」秀梅姊說:「很簡單,只要查對方的存摺。平常存摺裡沒有錢,也沒有金錢往來,只有在固定日子才有錢進來,那本存摺就是專門收房租的。看到這種存摺明細,就請客戶說明,很容易就能戳破謊言。」

所以,一個人的正念與正能量非常重要,不要因為蠅頭小利而影響大局;如果貸款貸不到,就無法買房,很多人因此第一筆履約保證金就被吃掉,那真的是得不償失了。

「念頭」對人生的重要性,就如星雲法師所說:「一念的力量可以讓人走出截然不同的人生;人的一念思想、一念抉擇,雖看似無關痛癢,但其背後的能量和影響卻是不容忽視的。所有理想、思想與行動都源於一念。」而**念頭形成認知,認知養成習慣,習慣造就個性,個性決定命運。**

所以,任何起心動念都可能改變全世界,所謂「一念天

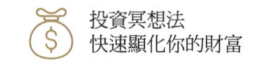

堂，一念地獄」。我們必須小心觀照自己的念頭，因為每個念頭都承載著不可思議的能量，這些能量會透過各種方式展現出來。千萬別讓念頭偏離正道，危害你的生活；也別小看你的念頭，因為一個善念正念的興起，可能將你帶入全新的世界，徹底翻轉你的人生！

# 09

# 從零到一：相信自己，讓宇宙回應你的願望

　　上過我的課的學員都知道，我有句口頭禪：「**相信可能得到，但不相信一定得不到。**」總有學員聽了之後嚷著說：「老師，『相信』好難哦！」是的，有些事受到多年經驗的影響，總是帶著懷疑，很難真心相信它們。

　　但「相信」本身其實很單純，無論你想相信什麼，都不需要爸媽、伴侶或任何人同意，只要你自己願意就好。而且「相信」不用花你一毛錢，不用付出任何成本。比較之下，「相信」的 CP 值絕對比「不相信」高得多！

　　一開始或許你並不真心相信，即使嘴上說著「相信」，內心的小惡魔可能正嗤之以鼻、翻著白眼說：「怎麼可能？」但這沒關係，只要你願意把你所信的事大聲說出來，那就是心想事成的開始。當你不斷重複這個意念，它就會慢

### 投資冥想法
### 快速顯化你的財富

慢滲入你的潛意識，總有一天，你的小惡魔會被你說服，你的人生也會漸漸轉向好的方向。

就像我以前開始跑步時，連 1,000 公尺都跑不完。從小我就討厭跑步，反倒是自由車選手，曾一次騎 200 公里，從台北騎到台中，再騎回台北；可我卻跑不完 1,000 公尺。但在 2016 年，我下定決心參加馬拉松，於是從快走開始練習，慢慢轉為跑步，從 1,000 公尺、1 公里、3 公里、5 公里，逐步增加到 7 公里、10 公里、20 公里；如今，我已經跑了幾十次半馬，還完成了兩次全馬。

我是怎麼做到的？我設法讓「參加馬拉松」這個意念進入了我的潛意識，讓它幫我達成目標。不只跑步，每當我設定好目標，我就會大聲說：「我相信我做得到！」這是我每天都會運用的法則，那就是**「7 次進入潛意識、21 天變成習慣」**，我每天至少反覆唸上 21 遍。因為只要你唸了 7 遍，那個念頭就會進入你的潛意識；連續唸 21 天，這個意念便會成為你的習慣。

但潛意識不會判斷好壞，只如實反應你輸入的訊息。而嘴巴則是輸入訊息最重要的窗口：如果你輸入的是否定的訊息，就會得到否定的結果；反之，若輸入肯定的訊息，自然就能得到肯定的結果。

## 冰山之下：解密意識與潛意識的奧祕

奧地利心理學家、精神分析學創始人佛洛伊德（Sigmund Freud）是 20 世紀最有影響力的思想家之一，他提出的「冰山理論」指出，人的意識可分為意識、前意識和無意識。浮出水面的部分是我們日常能察覺到的想法和感知，而水面下則是我們無法輕易察覺的內在，包含防衛機制、黑暗意念與創傷記憶等。

另一位美國心理學大師維琴尼亞·薩提爾（Virginia Satir）在她的著作《家庭如何塑造人》（*The New Peoplemaking*）一書提到「冰山」一詞。後來，她的學生約翰·貝曼（John Banmen）歸納整理了薩提爾的對話脈絡，發展出「冰山模式」，用來隱喻一個人的內在經驗與外在歷程。就像極地裡的冰山，外在顯露的僅占冰山的七分之一，而水面下看不見的部分則占七分之六（見圖表 3-1），後來此模式又被稱為「薩提爾冰山理論」。

**投資冥想法
快速顯化你的財富**

圖表 3-1　薩提爾冰山理論 *

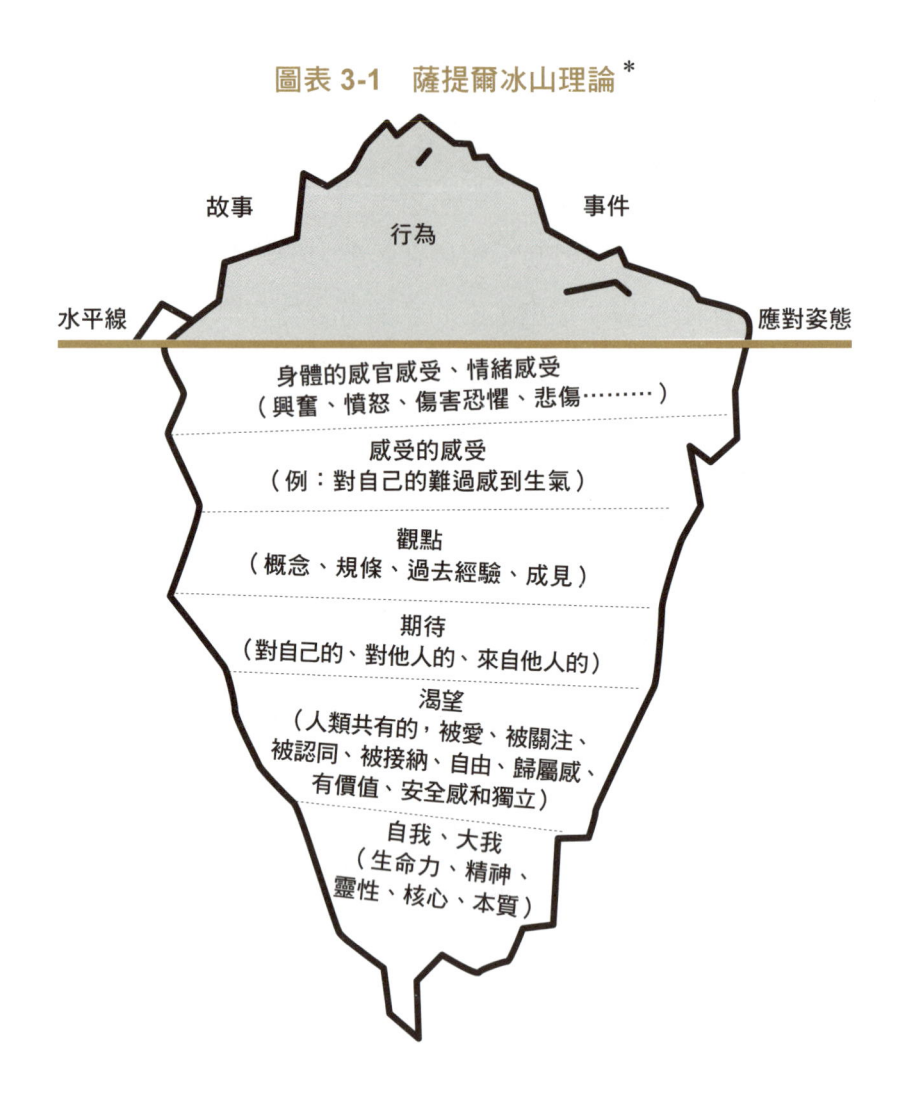

故事　　行為　　事件

水平線　　　　　　　　　　　應對姿態

身體的感官感受、情緒感受
（興奮、憤怒、傷害恐懼、悲傷⋯⋯）

感受的感受
（例：對自己的難過感到生氣）

觀點
（概念、規條、過去經驗、成見）

期待
（對自己的、對他人的、來自他人的）

渴望
（人類共有的，被愛、被關注、
被認同、被接納、自由、歸屬感、
有價值、安全感和獨立）

自我、大我
（生命力、精神、
靈性、核心、本質）

* 資料來源：https://premium.parenting.com.tw/article/5095915。

這些名詞經過後世多次演變，如今最多人使用的是「意識」和「潛意識」兩個詞。意識指的是我們生活中能覺知到的邏輯與理性；而潛意識則是一種深層的心智狀態，它會在不知不覺中影響人的行為、習慣、情緒以及體驗外在世界的方式。比如，你走路前不會思考先用左腳還是右腳；不管你多久沒騎腳踏車或摩托車，只要一上車，你就知道怎麼騎；開車時看到「停止」標誌，你會有反射動作踩煞車 —— 所有這些下意識的動作，都是由潛意識驅動的。

但凡你這一生看過、聽過、遇過的人事物、想法和感覺，都無一遺漏被記入潛意識中。它是你最龐大的資料庫，擁有超乎想像的能力和可能性。意識一次只能做一件事，但潛意識卻能同時執行數十兆個動作，根據接收到的訊息直接反應，幫助你完成目標。

潛意識也是你內在的一部分 —— 你的靈感、直覺、第六感、預知能力、神通力，全都源自於此。有人也稱它為「本我」。而吸引力法則正呼應著你潛意識中的想法：**為何有人總覺得心想事不成、吸引力法則不靈？那是因為他們在意識上說「相信」，但潛意識卻「不相信」，於是吸引力法則就實現了這種「不相信」的結果。**常有學員問我：「潛意識不相信該怎麼辦？」當然，答案就是 —— 說服它，直到它真正

> 投資冥想法
> 快速顯化你的財富

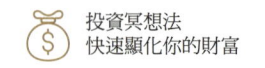

相信為止!

## 讓想法進入潛意識，為你成功完成目標

如何讓你的意念進入潛意識呢？我以自己為例，多年前我曾在一家投顧公司工作，當時我還是個投顧小白，剛進公司什麼事都不會，每天的工作壓力都非常大。我們的老闆是投顧界的一位大佬，雖然他的御下之術超級嚴格，但我仍慶幸自己剛進這行，就遇到業界的超級大魔王，儘管當時我和同事們的心靈都被嚴重扭曲了。

那時，我每天早上 6:30 起床、7:00 出門，從家裡到台北公司騎摩托車需要一個小時。不論颱風下雨，我都飛車趕到公司，因為儘管股市 8:45 才開盤，公司要求員工 8:00 前打卡。公司早上 8 點便開始直播投顧節目，老師在鏡頭前分析盤勢，客戶則透過 0800 客服電話來諮詢。

我們幾個業務負責接電話，但每天通數不超過 5 通，且僅在特定時段有一兩通。每一通電話都是可能入袋的錢；若電話未成交，事後你就會被一字一句地檢討，例如：「你剛剛為什麼那樣講？」「人家問老師準不準，你為什麼沒說

『老師超準的！』」……無論老師講什麼，無論你是否信，無論預測後來對不對，在接電話時，一律要回答：「老師超準的！您放心好了！」這兩句話成了我們的標準答案。每個業務每天如臨大敵，長期承受斥責與壓力，最終不堪重負者甚至黯然離職。

公司裡共有 7 位業務，業績表貼在牆上，業績最高者排在最上面，而剛進公司的我，名字總是排在最下面。儘管如此，我不氣餒，把「這個月業績 100 萬」作為目標，每天反覆唸著這句話。

我還把老師在電視上講的每句話都逐字抄寫成稿，連標點符號都一模一樣，然後整份逐字稿交給客戶聽，好像老師的化身一樣。同時，我每天不斷給潛意識下指令，不停唸著「這個月業績 100 萬」。我不是每天只唸 21 次，而是每次一唸必定是 21 次以上，一天至少 21 次循環——一起床、吃飯、騎車、洗澡、蹲馬桶、睡前，只要有空，我就像唸咒一樣拚命唸「這個月業績 100 萬」。

我用四根手指的指節與指尖作為計數器：一根手指有一個指尖與三個指節，唸一遍就用大姆指點一下，四根手指可以點 16 下。我一次一定唸上兩輪，所以每回至少唸 32 遍。

結果，我的業績在第一個月是 0，但到了第三個月，一

> 投資冥想法
> 快速顯化你的財富

口氣跳到 100 萬元；第六個月更是達到 300 萬元，一躍成為公司的 Top Sales，讓許多人跌破眼鏡。雖然同事個個誇我厲害，但其實我並不厲害，我只是不斷努力。我從最初無法透過電話成交，逐步變成成交越來越容易，進而演化出一套成交的 SOP，這套方法非常適合做業務和生意的人。

然而，我後來在那家投顧公司只待了 1 年 9 個月。當時，我為了生活不得不拚業績，而非站在客戶角度推薦好商品，這讓我極度自責，覺得自己在做一件違背良心的事。儘管我賺到了業績獎金、改善了生活，但我的客戶卻因聽從我的推薦而賠錢，這讓我無法忍受。最終，即使業績再好，我也無法再繼續下去，於是義無反顧地辭去了工作。

這也是我如今致力於教導外匯保證金操作的原因之一。我希望能為自己過去的錯誤贖罪，如今我找到了真正可以賺錢的模式，我認為這是宇宙給我的恩典，我想與所有人分享，為這個世界留下有意義的痕跡。

## 目標設定要簡單明瞭，且聚焦在自己擅長的領域

由於潛意識不分好壞，會照單全收地執行你所設定的目

標，所以在設定目標時，一定要特別小心。譬如你想快速累積財富，首先就要把你的願望咒語設計成一句簡短、琅琅上口的話，才能順口誦讀而出。**為免壞事靈驗，記得一定要用「肯定句」**。舉例來說，如果你想減肥，就不能說「不要變胖」這種否定句，而要說「我要變瘦」這個肯定句。

假設我跟你說：「你現在千萬不要想白色的馬克杯哦！」你聽完後，腦海中浮現的肯定就是白色的馬克杯吧？因此，當你說「我不要變胖」時，你腦中的畫面可能就會浮現出自己變胖的模樣。所以，你必須切實地把你想要的東西用肯定句說出來。

此外，**設定的目標一定要聚焦在你擅長的領域，因為你的因緣和資源早已聚集於此，不用宇宙再花時間去安排媒合，顯化的速度自然會比較快**。如果你將目標設定在一個全新的領域，你的因緣和資源就必須重新累積，勢必會拉長心想事成的時間。

譬如我擅長投資理財，若我許下「透過投資賺進多少錢」的願望，可能短短幾天或一兩個月就能實現；但如果我設定目標為「我要成為總統」，即使我誠心祝禱，終有成真的一天，也很可能要多年後才能實現。因為我完全沒有政治經驗，不像一般政治人物那樣從基層做起，我必須從鄰長、

里長做起,然後選上四年一任的市議員、市長,逐步累積人脈資源和民眾支持度,最後拿到「總統候選人」的入門票,再經過幾輪激烈競爭才有可能成為中華民國的總統,到那時我可能年紀一大把了。

確定你的「願望咒語」後,只要有空就不斷唸誦,讓自己整個人進入一種超凡狀態。當宇宙接收到你如此強烈的請求,定會把你所渴望的事逐一實現。我就是這樣做的,從當上 Top Sales 那時,我的人生便自谷底攀升,一路心想事成,走到今天的豐盛狀態。

這本書中記錄了很多我親身實踐出來的心法,但只要你在讀完這本書後三個月內,偶爾能用上一兩次,然後成功了,那你買這本書、讀這本書也就值了。我希望你至少能夠**從零走到一,啟動那個「我可以改變」的心念。**

宇宙一向大公無私,充滿著愛與慈悲;只要你敢想、敢要,它就一定會給。所以,勇敢跟宇宙下訂單吧!你所渴望的事一定會逐一實現,最終讓你擁抱繁華似錦、圓滿的人生。

# 10

# 別讓念頭作祟：
# 清除能量阻塞，輕鬆點石成金

　　學員 H 君是一位科技業的工程師。在一次線上輔導課上，他提供了一份自己之前操作的影片，請我診斷他的交易過程。影片畫面上方顯示三張美元的 K 線圖：1 分 K（1 分鐘 K 線圖）、5 分 K、15 分 K；下方則有三張日元的 K 線圖。

　　通常美元與日元會同步上漲下跌，但這段影片中，美元卻一直往上漲，而日元卻沒有跟著漲。這意味著當下日元無法上漲，但也不代表它會下跌。此時，你應該跟著上漲的美元做多日元；就算不做多，也絕對不能做空，因為一做就可能賠錢。

　　到了第二段行情，日元依然在不上不下的狀態下，美元已開始下跌，此時才應該考慮做空日元。可是，H 君卻在美元仍在上漲時，就急著做空日元，太早做空導致他賠了不少

錢。所幸後來美元不斷下跌，靠著持續做空日元，H君最終反敗為勝，從賠錢轉為賺錢。

我好奇問他：「你沒看到一開始美元一直在上漲嗎？為什麼不做多日元？不然你早就開始賺了啊！」

H君吞吞吐吐地回答：「有啊，我有看到美元上漲，可我那時候就心情不好，明明應該做多，偏偏就很氣，非要做空，就是想跟它對著幹啦！」

這個理由真讓我無語。後來，學員們在線上聊天時紛紛針對H君的做空事件發表看法：

- 有學員說：「老師說的都好實在，明明都是按照老師的方法，可到後來心情就亂了。」
- 另一位學員則調侃：「骨子裡就叛逆啦！」
- 還有的學員感慨：「事後看都覺得自己有病！可是當下我真的覺得自己沒問題。」
- 更有人說：「當下有病都不自知啦！」
- 還有人最後檢討道：「賭！」
- 甚至有人形容：「對啊，好像被鬼牽去似的，有時明明覺得很怪、很有問題，可就是硬要做下去，簡直神經病！」

正確的賺錢答案明明就在 H 君面前，可他卻一直執著做空，還一路加碼，如同被鬼遮眼。相信很多人都有類似經驗：明明知道賺錢的技巧和方法，卻因為突然冒出的念頭或認知左右了投資決策，最終不得不以賠錢收場。在我的學員中，這類案例多得說也說不完！

## 人生的障礙分兩種：有形、無形

我以前也常常有這種失心瘋的行為，到現在偶爾仍會出現，只是在情緒不佳、心不在焉時較多；不過這種情況的頻率已經大大降低，因為當我發現自己又在跟市場對著幹時，便會趕快將心緒收回，讓自己回到穩賺不賠的狀態。然而，我的學生卻未必有這樣的功力，所以我一直在尋找解決的方法。

遇到這種非技術性的問題，大部分人可能會去求神拜佛，幫自己補財庫、祈求一切順心如意。小時候，我家裡就是開佛具店的，神佛之說對我來說並不陌生；我也曾為了求財，跑遍全台各大廟宇拜拜許願。後來，當我學會了吸引力法則與投資冥想，各大廟宇就成為靜心感受能量磁場的道場。

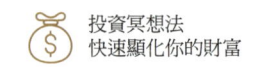

如今,當我遇到困難時,會從兩個層面來檢視:

1. **有形層面:也就是我們所處的物質世界,我會審視自己日常言行與做事方式,看看是否出了什麼差錯。**
2. **無形層面:即我們看不到的領域,當中可能出現頻率不協調(例如:業力或外靈干擾)的狀況,從而造成眼前的困局。這類問題並非一般人所能輕易解決。**

以投資來說,有形部分指的是投資技術,也就是你對某個商品的看法、認知、規劃與策略;而無形則指你的起心動念和情緒。做投資時,一定要讓自己的身心保持在一個高頻、穩定的狀態;但現實中,許多事情會干擾你的情緒:例如跟老婆吵架、被老闆責罵、被爸媽催婚……都可能使你情緒不佳。

過去,我會透過冥想來調整情緒,但冥想在顯化財富或實現願望方面的速度較慢,有時甚至慢到你會忘記自己曾經進行過冥想。當我們從物質層發出意念(見圖表 3-2)後,進入宇宙所在的訊息層,接著宇宙必須將它降維至能量層,再轉換到物質層。這個過程是需要時間的。也就是說,當你向宇宙下訂單之後,宇宙需要時間去安排媒合相關的人事

物,待因緣聚合後,才能成就你的願望。

圖表 3-2　三種不同層次

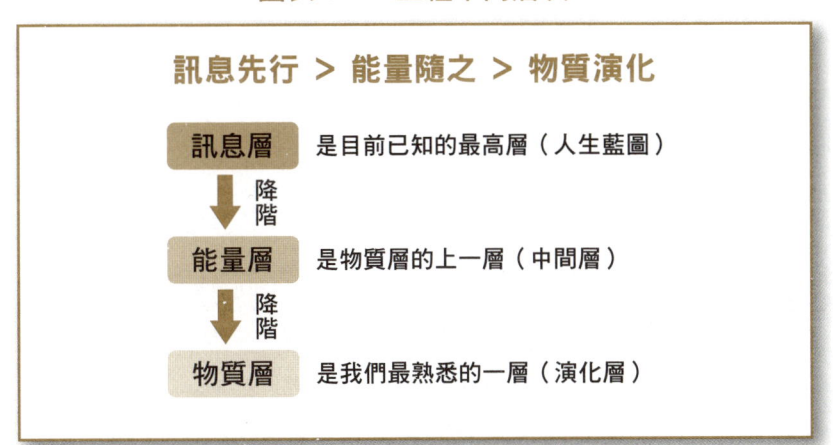

| 訊息先行 > 能量隨之 > 物質演化 |
|---|
| **訊息層** 是目前已知的最高層(人生藍圖) |
| ↓ 降階 |
| **能量層** 是物質層的上一層(中間層) |
| ↓ 降階 |
| **物質層** 是我們最熟悉的一層(演化層) |

# 脈輪之道:平衡內在能量,打造豐盛人生

當你透過各種方式,將你的心願送上訊息層,宇宙也應允了你的請求;但如果你的身體被負面能量卡住,宇宙要給你的能量可能就下不來,那麼能量會卡在哪裡呢?答案是:卡在脊髓的脈輪裡。

人體脊髓是與宇宙高我連結的天線,如同美國科幻電影《阿凡達》(*Avatar*)裡的納美星人將尾巴與生命之樹的連

結,脊髓上共有七個主要的脈輪(見圖表 3-3),分布於人體的中軸線上,是人的意識與能量中心,以盤旋的輪狀形式出現,且持續轉動,透過轉動吸收外界能量,再將能量轉入氣場與身體。

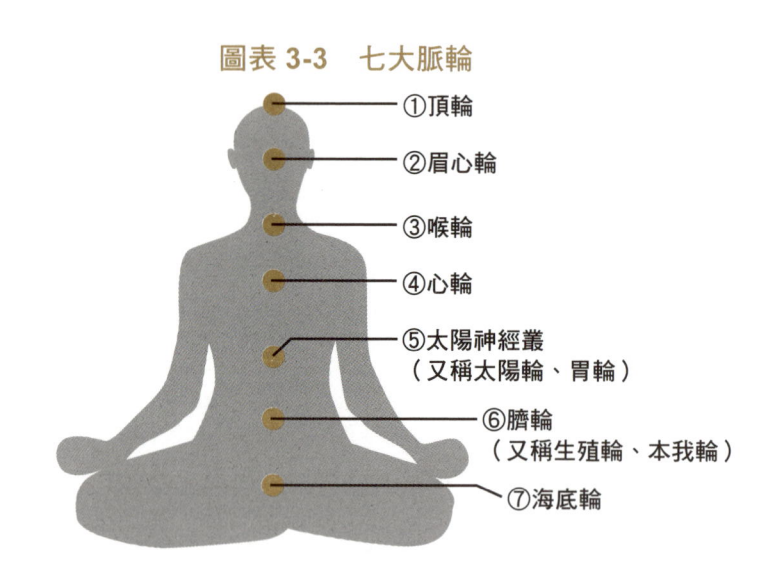

**圖表 3-3　七大脈輪**

① 頂輪
② 眉心輪
③ 喉輪
④ 心輪
⑤ 太陽神經叢（又稱太陽輪、胃輪）
⑥ 臍輪（又稱生殖輪、本我輪）
⑦ 海底輪

七大脈輪不僅影響著細胞、器官與內分泌系統的運作,還會影響人的思想與情緒,因為它們掌管著一個人的精神、感知、情緒及生理狀態。若有任何脈輪被阻塞,身體內部及環境的能量流動便會失衡,進而導致病痛纏身,例如:經常頭痛、消化不良、長期受疾病困擾;在情緒方面,也可能變

得緊張、焦慮、易怒、懶散拖延,甚至常做錯決定。人的運勢也會受到影響,如人際關係發展不順、事與願違、金錢匱乏等,讓你在人世間行走阻礙重重,許多人生關卡始終難以跨越,更別說心想事成了。

圖表 3-4 是各個脈輪的位置、平衡狀態與失衡時可能產生的現象,供你對照自己當前脈輪的狀態:

圖表 3-4　七大脈輪概要,平衡與失衡的狀態

| 脈輪名 | 位置 | 代表色 | 平衡時 | 失衡時 |
|---|---|---|---|---|
| 海底輪<br>(第一脈輪) | 脊椎骨的最末端處 | 紅色 | 掌管身體與物質生活,連結大地,讓人扎根於大地、充滿安全感,享受當下,是能量與財富的源頭。 | 會生出強烈的恐懼與不安(特別是對健康與物質生活的不安),容易焦慮、懶散拖延,或變得狂妄自大、主觀專斷、好高騖遠。 |
| 臍輪<br>(第二脈輪) | 肚臍 | 橙色 | 掌管情緒與性慾,連結感受力,使人能感應並接納自己的情緒,充滿活力、喜悅、熱情和好奇。 | 無法洞悉與處理情緒,變得消極、冷漠、壓抑,猶豫不決,缺乏創造動力。 |

(續接下頁)

| 脈輪名 | 位置 | 代表色 | 平衡時 | 失衡時 |
|---|---|---|---|---|
| 太陽神經叢（第三脈輪） | 胃部 | 黃色 | 掌管自我價值與行動力，連結自我意志，讓人肯定自己、充滿自信。 | 缺乏意志與行動力，容易自卑、退縮、忍耐、壓抑，經常懷疑、否定或批判自己，隨波逐流，無法活出真我。 |
| 心輪（第四脈輪） | 心口 | 綠色 | 掌管愛與被愛及寬恕的能力，反映我們與自己之間的關係，使人懂得付出愛、接受愛、感恩與寬恕。 | 變得冷漠，無法敞開心胸接受外界愛與關懷，難以關懷及寬恕他人，或過度索求、永不知足，總感強烈匱乏。 |
| 喉輪（第五脈輪） | 喉嚨 | 藍色 | 掌管自我表達、傾聽與溝通能力。 | 拙於言詞，無法如實表達真實感受，習慣壓抑自己的想法，不願做決定或承擔責任，容易放棄自己的權益；或因害怕受到限制而變得強勢霸道、違反規則，犯錯時則利用口才狡辯。 |

（續接下頁）

| 脈輪名 | 位置 | 代表色 | 平衡時 | 失衡時 |
|---|---|---|---|---|
| 眉心輪（第六脈輪） | 眉心 | 靛色 | 連結腦內的松果體，掌管洞察力，令你具備準確的洞悉、直覺、靈感及想像力，能輕易看穿偽裝與謊言。 | 缺乏自我覺察，無法接收內在訊息；過度敏感，易迷失在細節中，缺乏理性判斷，容易嫉妒他人、對人產生敵意，表現出傲慢、偏執或頑固。 |
| 頂輪（第七脈輪） | 頭頂上方約1至2吋 | 紫色 | 作為所有脈輪能量的平衡中心，與宇宙連結，掌管覺知宇宙、靈性與更高智慧的連結。 | 缺乏悟性與智慧，過度依賴物質世界，執著於自身經驗與實際數據，難以接受未知，否定靈性層面的事；或過度沉迷於神祕力量，脫離物質世界。 |

## 身體能量平衡，才接收得到投資靈感

技術是變現的工具，也是投資的基礎技能。很多人雖然學到了我的技術，但他們的能量卻被堵塞。這可能源自於自己與祖先的業力、他人的精神詛咒、身體或心靈的創傷封印、靈魂的印記，甚至是外星人植入的異物，而導致脈輪失

衡。在能量阻塞下，靈感無法湧現，腦中一片混亂，甚至形成情緒和精神上的障礙，讓你煩躁、憤怒、不甘、失心瘋等。即便你擁有高超的技術操作，最終也總是功虧一簣，賺不到或留不住錢。

所以，我每次上課後都會請學員去抽血做健檢，希望他們都能擁有健康的身體。因為一旦身體健康、乾淨了，清理脈輪就會比較容易。尤其頂輪是接收宇宙能量的天線，一旦堵塞，能量便難以進入身體。唯有各大脈輪平衡健康，才能順利接收到宇宙賦予的能量。

以投資外匯來說，匯市是週一到週五，每天24小時都在動；但人不可能一天24小時盯盤，因此你必須找一個適合的切入點進場，才能事半功倍。而要精準找出這個切入點，就需要「靈感」，否則你盯再久的盤，也只是一場大海撈針，白忙一場，賺不到錢。

舉例來說，2024年4月26日，我因隔天要在台中講課，當天下午便和團隊開車前往台中。在車上，我得知當天下午2:30，日本央行行長植田和男將召開新聞發布會。一般這種大人物公開講話，都會引起市場劇烈震盪，是個進場的好時機。

我們入住飯店大約是下午3:00，我進房後打開電腦準

備隔天上課用的簡報,此時腦中突然閃出一個靈感:「植田和男講完話了嗎?」於是畫面一轉,我剛好看到盤中一根大K棒猛跌了一千七百多點。我立刻在低點打了一張測試單,操作正確後一路加碼、回測、再加碼,最後以1萬美元為本金,在140分鐘內賺了8,123美元(約新台幣244,809元)。

這種「靈感提醒我要立即進場,結果大賺一筆」的例子不勝枚舉,靈感在我的投資路上幫了我多少次,我早已記不清。然而,當一個人身心失衡、情緒混亂時,能量流動便會受到影響,內在聲音難以聽見,就無法捕捉到好的進場機會。**唯有當整個人的脈輪能量平衡穩定,才能與高頻能量共振,順利接收到靈感與宇宙能量,你會體驗到賺錢是如此自然,這就是有如神助的顯化。**

投資冥想法
快速顯化你的財富

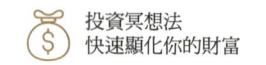

## 11

# 與量子共舞：
# 運用科學，讓願望迅速顯化

　　上一章提到七大脈輪是人體的能量中心，負責承接、傳遞及吸納能量，其平衡對健康、運勢乃至整個人生影響甚鉅。每個人的脈輪或多或少都有失衡或阻塞之時，我也不例外。過去，我是透過身心覺察與自我療癒，使脈輪逐漸回到平衡狀態；這也是我長期從事投資冥想的原因。然而，我大部分的學員卻沒有這樣的功力。

　　許多學員雖然學會了我所教的外匯保證金操作法，包括3個盤型、6個關鍵位，並在一兩週內真正賺到錢了，但卻無法長期留住錢，或持續賺錢。原因在於，他們的身心不健康，脈輪能量被堵塞，又缺乏清理的觀念與方法；即便從我這裡學到了高明的操作技巧，也無法長期留住財富。

　　清理脈輪的方法有很多種：可以藉助靜坐冥想，想像宇

宙的清理之光（白光）以逆時針方向在各大脈輪旋轉七圈作為清理。不過，這個方法耗時長，而且需要持續進行，身體才能有所感應；沒做過脈輪清理療癒的人，甚至必須天天操作達 3 個月以上，才能發揮效用，若無法持之以恆，幾乎就沒有什麼效果。

也可以使用小黃紙人、正太極圖騰、七色水晶、聖木臥香等工具來清理脈輪。這是一種較方便且有效的懶人法，讓你不用靜坐，只需借用這些工具替代能量去療癒脈輪。然而，這些工具並非一般人熟悉；一旦工具選用不對或能量不足，也無法產生效果，更不用說過程繁瑣，能耐得住性子的可能寥寥無幾。

經濟寬裕的人則可以選擇專業、有工具、有空間的治療師來幫你清理脈輪，但市面上詐騙或功力低微的治療師眾多，一般人很難辨識其真偽。而且，即便是再厲害的治療師，也很難一次就將一個人的脈輪清理乾淨，個案仍須定期回診，完成整個療癒週期，之後還需要長期維護，才能保持脈輪通暢。

這麼做肯定會產生不小的花費，甚至可能使人從此依賴治療師，失去自我療癒的能力，絕非長久之道。基於以上種種考量，我一直希望能找到一種工具，可以幫助學員清理脈

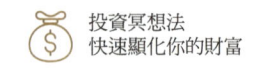

輪、平衡各種能量,讓他們生活無虞,順利賺到錢。

## 意識是方向盤、量子是願望加速器

在此之前,我只知道「量子」二字雖是近幾年才流行的熱門名詞,但其實科學家早已開始研究這個概念。中央研究院盧志遠院士曾在一次訪談中解釋何謂量子:「量子並不是一個『子』,而是一種物理學概念,可以描述物質,也可以描述能量。如果有一個物理量存在最小的不可分割單位,那麼這個最小單位就稱為『量子』。」因此,「量子」並不是指某種實際粒子,而是一個單位名稱,例如「光量子」又稱為「光子」,指的是光的基本能量單位。

不過,談到量子相關產品,當時我只聽說過 Google 的量子電腦。它處理資訊的方式與傳統數位電腦截然不同,在解決特定問題時,其運算力更強、計算速度更快,能夠以多個量子位元平行處理,而不像傳統數位電腦只能依序逐條路徑運算,速度自然快上千百倍。

舉例來說,要求數位電腦找出「從 A 地最快抵達 B 地的路線」,它會列出所有可能的路線,再找出到達時間最短

的那條。即使數位電腦每秒運算速度超過億萬次，有時也可能需要幾萬年甚至更長時間來運算，幾乎等同於此題無解；但量子電腦的量子位元卻能將所有路徑一次性平行處理、同時計算，在短時間內給出答案。

此外，也有科學家將量子理論應用於建築領域，發明了量子測繪儀器，用來測繪地下結構。以往測繪地下隱蔽結構約需要一個月才能完成，但使用量子測繪儀器，能擺脫環境中微振動等因素的限制，將測繪速度提升 10 倍，縮短為僅需幾天即可完成，從而大幅節省成本與時間。

據說，早在 30 年前美國就有人發明了這類量子儀器，最早用於太空人身上。因為太空人一出任務可能就是好幾個月、甚至好幾年，期間若在外太空生病，不可能立刻返回地球就醫，此時就需要量子儀器幫忙校正身體頻率。

量子儀器可以連接電腦，透過電腦編輯訊息。你可以將你的願望寫成一則又一則的訊息，例如：「立即快速移除無法精準判斷所有投資機會的障礙」、「立即移除頭腦迷糊不清的所有障礙」、「立即吸引貴人前來幫助」、「快速吸引大量正財大進」……當然，這些訊息多與金錢有關，但你也可以編輯與健康、感情、運勢或困境解決相關的願望。量子貼片自然會幫你建立新的磁場，吸引貴人來幫助你。

不要覺得這不可能。就拿健康問題來說，1882年在德國海德堡大學（Heidelberg University）獲得醫學博士學位的美國醫生艾伯特・爾本（Albert Abrams）曾說：「每一種疾病都有一個特定的頻率，治療的藥也有一個特定的頻率，只要把疾病這個不正常的頻率平衡過來，病就會好了。」

無論是動物、植物、礦物，甚至細菌、病毒都有各自特定的波動與密碼。當你知道疾病的振動頻率，就能透過產生相同頻率來瓦解疾病，且不會傷害到肉體。爾本博士為此寫了一本名為《診斷與治療的新觀念》（New Concepts in Diagnosis and Treatment）的書，來闡述他的理論，試圖改變世人對疾病治療的看法。

後來，爾本博士將此書投稿到美國醫學會刊物，可惜前後投稿了16次，被退了16次。雖然他的理論出自一位藥學博士之口，但當時卻被譏為「毫無科學根據，可能是巫術」。

爾本博士雖然失望，卻不改其志，繼續用頻率療法治好了許多病人，也因此賺進不少錢；但終其一生，他的論述都無法被醫學界接受。直到1963年量子力學取得科學界認同後，爾本博士的醫理才逐漸被世人看見，爾本教授也因此被譽為「量子醫學之父」。2012年諾貝爾物理獎則確定了量

子糾纏的存在,而光子密碼、量子醫學、向神明祈求、頌經迴向等,也都被認為是量子糾纏的現象。

量子科技原理與此類似:每種疾病有其頻率,每件事、每個心願也有自己的頻率。量子科技能校正並加快這些頻率,自然可能迅速使人心想事成。

在量子世界裡,健康和各種生活狀況不僅僅是指身體沒有疾病,而是一場訊息、能量與物質的和諧之舞。想像一下,我們的存在就像一座冰山。我們平常看到、觸摸到的身體,只是露出水面的一小部分;在水面下,是浩瀚無邊的能量海洋,而在更深處,則是主導一切的訊息層。這就是量子告訴我們的真相:訊息先行,能量隨之,物質演化(見圖表3-2)。每一個念頭、每一個情緒,都是一條訊息,猶如投入湖中的石子,激起漣漪,最終影響到我們的身體。當我們感到莫名的疲憊或興奮時,可能正是這些看不見的訊息與能量在起作用。量子身心靈健康校正,就是幫助我們重新調整這三個層面的平衡。它不僅僅是治療症狀,而是從根源——訊息層面開始調整。當訊息和諧,能量自然隨之改變,最終反映在我們的身體健康上。

當我搞懂快速顯化的祕密後,我確認非常重要的原則,**「意識是方向盤、量子是願望加速器」**。我們必須非常清晰

明確的**以自己的意識為中心，其他選項都是輔助角色，不能將人生主控權讓給自己以外的單位或物質**，例如：神、算命、量子貼片⋯⋯自己要穩穩拿住人生主控權，絕對不可人云。

## 製作專屬自己的錢母

前面章節提及，我將心願念力灌注在 10 元硬幣與百元鈔票上，就是自己製作錢母的方法。製作方法有兩種，第一種方法如下：

1. **淨化**：拿出硬幣與鈔票噴鹽水或在正午太陽下曬 10 分鐘，將鈔票上的負能量移除。
2. **願望**：列出願望將錢握在雙手手心，閉眼默念願望。
3. **注意**：儀式進行時必須心情平靜無雜念，心情越平靜所製作的錢母能量越強（更多細節請參考練習本）。

第二種方法是我用量子科技製作錢母，我寫超過 100 條的心願可以具有高品質與快速的效果，這是目前主要使用

工具。

　　我自己使用吸引力法則加上量子錢母與貼片產生不可思議的成果，顯化心得是非常多，後面有學員案例分享。

　　目前我的辦公室就就是利用量子錢母找到的，當時因為租約到期要找新的辦公室，在 2023 年 11 月 13 日所下的條件語法：立即吸引大量貴人前來支持成就在 2023 年 11 月 20 日前在台北市中正區、信義區、中山區、大安區、萬華區找到房租新台幣 35,000 元、室內 35 坪有 3 隔間、內則有廚房、陽台優質辦公室出租的所有機緣。

　　果然在 2023 年 11 月 20 日當天在 591 房屋交易網突然出現在台北市中正區善導寺 6 號出口的物件，我立刻電話聯繫看屋並在當下就簽約，因為真的完全符合我所設定的條件，真的太神奇了！

　　這次本書的限量親簽贈品版送給讀者「2025 金蛇豐盛財富貼」包含了許多感恩金錢的訊息，感恩是最純粹的能量，能快速與宇宙共振，加速財富顯化的效果。請參考練習本送給大家幾條可以快速顯化的心願語言。

投資冥想法
快速顯化你的財富

## 12

# 量子奇蹟：
# 顯化成真的實證案例

我一向認為，一個人只有工作與生活穩定了，投資才可能跟著穩定。許多學員明明將我教的操作鐵則背得滾瓜爛熟，也在模擬倉裡練習過千百回，然而一進真倉、入了真金白銀，往往就事與願違、賠錢出場。可能是太過緊張或一時不慎，但更多原因與他們的生活、情緒有千絲萬縷的關係──若不先解決這些困擾他們的俗務瑣事，就很難在投資上有所進展。

於是，我開始跟學員分享我的神奇經驗，並希望透過量子科技製作的錢母和貼片，幫助學員順利投資。結果顯示，很多學員使用量子錢母和貼片之後，果然心想事成，例如以下幾位學員的案例：

# 實證案例 ❶　量子錢母搞定頑固客戶

　　學員孫君是某建設公司都更部的業務員,負責幫公司收購地皮,經常得說服許多地主跟公司簽約賣屋賣地。在這些形形色色的地主中,有些人好說話,很快就簽約;但有些人卻非常頑固,得費盡心思、花上漫長時間,才能簽定合約。

　　孫君當時就遇到一個極難搞的地主,對方十分堅持自己的主張,遲遲不肯簽約。孫君花了3年時間與這位地主周旋溝通,但地主始終不肯點頭,還不時惡言相向,讓孫君和公司無可奈何,深感困擾。

　　後來,孫君求助於我,請我幫他製作「錢母」。我請孫君將相關資訊和地號提供給我,然後利用量子科技,將孫君的願望寫進200個10元硬幣中,製作出錢母。接著,我交代孫君要到人多的地方去花掉這些錢母,例如:夜市、機場、捷運站、高鐵站……讓錢母快速流通。

　　孫君收到錢母後,立刻帶到公司附近的牛肉麵店消費。結果,過了一個多小時後,他突然接到難搞地主打來的電話。孫君非常驚訝,因為那位難搞地主從來不曾在這個時間打電話給他,而且還說:「價格方面我願意退讓一點,你幫我跟你們公司爭取一下。」孫君聽後鼻頭一酸,苦盡甘來的

## 投資冥想法
快速顯化你的財富

眼淚差點掉下來。

還有一位地主也非常機車,從頭到尾都不肯簽約。這個案子公司前後談了近十年,該機車地主始終不為所動,甚至要找到他都十分困難;雙方大約每個月只見一次面,打電話給他,他不接;發簡訊,他也不回,甚至時常人間蒸發。公司三天兩頭就催著孫君搞定此案,讓孫君壓力極大,直呼:「我根本就找不到人,要怎麼談?」以致孫君天天睡不著覺。

後來,孫君公司在2023年2月3日舉辦了一場公聽會,那位機車地主竟無預警出現,而且似乎吃了什麼炸藥,當場與孫君公司老闆大吵起來,雙方脣槍舌劍、你來我往,現場住戶看得目瞪口呆,孫君更急得不知所措。

即便撕破了臉,該解決的事情還是得面對。當天下午,孫君硬著頭皮再次拜訪機車地主。該地主早上才與公司老闆吵架,當時自然不會給孫君好臉色,他滿腔怒火地將孫君帶來的資料一摔,連筆電也摔了,還拍著桌子破口大罵了半個多小時,讓孫君完全沒有機會開口講話。

孫君眼看今天無法達成共識,只好打包撤退。當天,他連午餐和停車場投幣都用了錢母。結果第二天中午,孫君再度打電話給那位地主,地主似乎突然改變態度,竟說:「好

啦，你把資料帶過來，我們下午趕快簽一簽啦！」孫君當場愣住，內心不禁吶喊：「真的假的？這也太神奇了吧！」

他半信半疑帶著資料去找地主，沒想到地主一打開資料，閉著眼睛就開始簽約，完全沒有為難孫君，而且當下氣氛十分融洽。孫君拿到錢母的第二天，這個困擾他們公司近十年的問題便迎刃而解。如今回想起來，孫君都覺得非常不可思議。

當時，孫君公司必須在2023年4月30日前拿到85％的都更同意書，否則整個建案就得作廢，需重新申請流程，那將是一個超級浩大的工程。幸好，機車地主最後點頭簽約，孫君公司趕在最後一刻送件成功，才得以展開後續建設工程。

## 實證案例 ❷ 11天讓刊登已久的房子成功賣出

學員易小姐於2022年5月開始委託房屋仲介公司出售房子，但幾個月下來一直乏人問津。雖然12月11日也曾有好幾組客人來看房子，卻都沒有下文，也沒有任何人付斡旋金。12月18日，易小姐到台中上我的課，那天送給現場每

### 投資冥想法
### 快速顯化你的財富

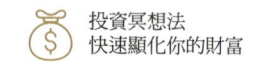

位學員一張「快速圓滿豐收」貼片。

易小姐表示:「我拿到量子貼片之後,隔週週末看房的人就突然暴增,一天甚至有十幾組人來看房,24日那天竟有七、八組人付了斡旋金,金額從5萬元到20萬元都有,到了29日就有2組買客開始競價。」

最後,易小姐將房子賣給了其中一組買客,因為對方帶著自己媽媽來看了三次房子,易小姐覺得對方是個孝順的女兒,她想成全對方的心意。拿到量子貼片的前一週與後一週,效果竟有如此天壤之別,而且11天後房子就成功賣出——這就是量子貼片的神奇力量。

### 實證案例 ❸　投資一個月,輕鬆獲利百萬

學員呂君是一家行銷公司的老闆。他在2023年3月1日入金3,100美元,開始操作外匯保證金;到了3月3日便獲利13,584美元,獲利率高達438%。3月14日,他又入金3,000美元,賺進25,376美元。光是3月一個月,他就賺了新台幣120萬2,326元,從1月到3月總共賺進新台幣163萬7,306元。

事後，呂君特地向我道謝：「謝謝老師的教導，用您的動能加碼法獲利破百萬。」我聽完他的分享後也驚嘆道：「哇！好誇張喔！怎麼賺那麼多錢？」後來，我才想起，原來在 2023 年 1 月 11 日曾為他製作了一個「立即吸引大量貴人前來支持，成就選擇權外匯在 2023 年 3 月 31 日之前月入百萬以上的所有機緣」的量子錢母。呂君告訴我：「我以前跟過很多理財老師，只有跟到老師您才賺到了錢。」

## 實證案例❹ 從裁員到加薪 5% 的奇蹟轉機

學員張君原本是一家公司的採購，他一直希望公司能夠幫他加薪 5%；沒想到，公司不但沒加薪，反而在 2024 年農曆年前把張君裁員了。張君心情十分沮喪，後來找我製作量子錢母，希望能在 4 月份以前找到新工作。

當時，張君的朋友介紹他到一家規模更大的電子公司面試，但面試之後遲遲沒有下文。於是，我教他用冥想發出正念，再配合量子錢母的加持。結果，他在 4 月 30 日收到錄取通知，並於 5 月正式入職；更令人欣喜的是，他的新公司薪水剛好比前一家高了 5%。張君感嘆道：「原來我想要的

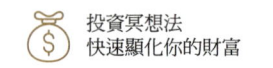

5％加薪，不是來自原公司，而是新公司的薪水啊！」

## 斬斷無用的男女能量鎖

曾有學員Ｊ君問我：「老師，量子錢母怎麼會這麼神奇啊？那錢母會不會受業力影響？譬如被個人或祖先的業力擋住財運，讓錢進不來。」

我回答說：「不會，每個人都有業力，但基本上每個人都喜歡錢，就算今天你的仇人要送你錢，你也照收不誤，不是嗎？大家對錢都沒有什麼愛恨情仇，所以錢母能穿越個人業障，帶著你的願望，幫你找到所需的貴人，助你完成各種願望與目標，例如：找工作、找房子、找客戶……只要是你想得到的，皆可實現。」

Ｊ君聽後不禁咋舌：「真的嗎？就連身體的病痛也可以改善嗎？」

我說：「可以啊！」

Ｊ君又問：「那失眠也可以嗎？它好像不算身體的病痛……」

我分析道：「失眠有時不只是身體的問題，而可能是脈

輪卡住了，或是個人磁場受到干擾，甚至能量場與他人產生了共振。例如，在能量療癒裡有一個叫『男女能量鎖斬斷』的項目。當你和異性有過性行為後，你們便會共用能量場，彼此互相影響。如果你的運氣好，但對方的運氣不好，對方就可能拖累你。」

J君一聽便緊張了：「那如果已經分手很久的異性，也會受到對方的影響嗎？」

我說：「只要曾經有過性關係，就意味著曾經建立過連結；若未曾斬斷，便仍會共用能量場。所以常說夫妻是一體的，凡事禍福與共；情侶亦然。有些人感情經歷豐富，可能經歷過多段戀情，能量場的訊息就會變得混亂。遇到這種情況，必須先斬斷與前任異性的能量鎖，將已經無關的負向量子糾纏處理掉。這樣有時候就需要花較長的時間去校正，才能徹底斬斷這種能量連結。」

無論男女情感如何纏繞，若不及時斬斷不再有用的能量連結，這些負面糾纏都可能拖累你前行的步伐。只有當你勇敢面對並清除這些無用的能量鎖，才能真正釋放自身的潛能，迎向更加順利的人生與投資之路。

> 投資冥想法
> 快速顯化你的財富

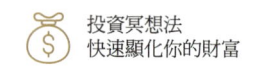

## 事半功倍的量子貼片，不是萬靈丹

在未認識量子世界之前，我一直透過冥想讓自己心想事成。冥想可以幫我們將願望帶到訊息層，但每個人每天都有許多事情要忙，無法整天處於冥想狀態；一天能冥想 10 分鐘已經很不容易了，再加上有時候冥想難以專注，實現願望的速度自然不會快。但若能將願望寫進量子貼片中，而貼片卻能 24 小時持續發射願望，就等於我們全天候都在做冥想，達成願望的速度又怎能不快呢？

量子科技應用於許多領域，已成為未來不可避免的趨勢。雖然你我都不是物理學家，可能一輩子也弄不懂量子科技背後的高深原理，但這並不妨礙我們享受它帶來的成果。就像大部分人不懂電腦和手機內部運作的原理，卻照樣能利用它們完成各種任務、節省大量時間，享受科技帶來的便利一樣。

量子貼片也是如此。它雖然能成為願望加速器，但切記，**「你的意識」才是最重要的方向盤**。如果你的意念有所偏差，固守舊習、毫無改變或恣意妄為，量子貼片的效果仍然有限。

譬如說，你想減肥，買了減肥貼片，它能幫你清除體內

垃圾,讓你如願瘦下來;結果你仗著有了減肥貼片,飲食不加節制,反而放心暴飲暴食,製造出更多體內垃圾,最終體重還可能回升,因為量子貼片校正好的頻率不斷被破壞了。

所以,別把量子貼片當成萬靈丹。它的確能快速移除各種障礙,但別忘了,**最終讓你成功的,仍然是你堅強的意志與無限熱情哦!**

Part
4

# 獲利不驕、賠錢不慌的投資心態

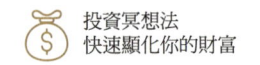

# 13
# 賺錢心態管理：
# 避免從小賺變大賠

根據我多年的投資經驗，我發現一個人的投資心態管理極其重要，對投資結果的影響極大。經過歸納整理，我將投資心態管理分為兩部分：「賺錢心態管理」和「賠錢心態管理」。

先來談「賺錢心態管理」。一個人剛開始賺錢時，可能會出現以下兩種心態，並造成截然不同的結果，其中的過程，都需要我們去覺察和觀照，才能趨吉避凶，保本又賺錢。

## 心態 ❶ 看到帳上賺了錢，就放著不管了

任何人投資賺錢都會很高興，尤其是投資新手，一下子賺到超乎預期的金額時，更容易開心到忘乎所以。投資界有句名言：「讓獲利奔跑。」意思就是不用管它，讓獲利自然累積。無論新手還是老手，大賺其錢後，往往會放飛自我，滿懷信心地認為自己買的股票從此一飛沖天，而且越放越久，賺得越多，根本不急著出金，也不再緊盯股票的漲跌。

然而，「股票放著不管」實際上是一件非常危險的事，因為意外往往發生在意料之外。萬一突然來個利空、反轉或重大新聞發表，可能讓你的獲利一下子從雲端跌入泥淖。譬如，2024年7月11日美國公布最新通膨指數（Consumer Price Index, CPI，又稱「消費者物價指數」）之前，股票怎麼買都賺錢，有些人買了後就放著不管；沒想到最新通膨指數一公布，台股便開始下跌。

到了2024年7月中，美國總統候選人川普接受《彭博商業週刊》（*Bloomberg Businessweek*）專訪，被問及是否會防衛台灣對抗中國時，他認為台灣拿走了美國約100%的晶片業務，並聲稱：「台灣應該給我們保護費，台灣沒有給我們任何東西。」川普講完後，台股指數急轉直下，瞬間來

> 投資冥想法
> 快速顯化你的財富

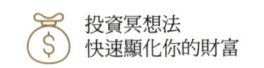

了個大崩盤，兩週內跌了四千多點，一路跌到 2024 年 8 月 5 日。

在此之前，沒人知道川普會突發驚人之語，這加重了台股下跌的力道。類似這種意外，就可能使人瞬間從大賺變成小賺。例如，原本賺了 10 萬元，突然只剩 2 萬元。雖然這樣沒有賠錢，但投資人心中肯定不爽：「我明明已經賺了 10 萬元，為什麼只剩 2 萬？我不甘心！我一定要賺回 10 萬元！」於是堅持不肯出場，結果從賺 2 萬元、賺 1 萬元、打平到賠錢，最終從小賺變成大賠。

## 心態❷ 雖然賺錢但尚未出金，還是會謹慎盯盤

「台灣女拳王」林郁婷在 2024 巴黎奧運女子拳擊 57 公斤級決賽中勇奪金牌，當時她激動得低頭吶喊，可見她有多開心；但事後教練卻對她說：「開心一天就好，回台灣之後還要繼續訓練。」這並非因為她成了奧運金牌選手就可以稍有鬆懈、減少訓練量。

投資也是如此。股票上漲的確值得高興，但有些人只會暫時開心一下，卻不會因此而大意。他們仍然一路小心謹

慎，時時關注股市動態，漲時加碼，跌時設停損點，一旦跌破停損點便果斷出場，最終使自己保持在不敗之地。

## 投資不能憑感覺，要懂得合理算牌

　　投資一定要懂得「算牌」，才能在市場上穩操勝券。什麼是「算牌」呢？這個概念最早出自 2008 年上映的美國電影《決勝 21 點》（21），描述麻省理工學院的高材生班・坎貝爾（Ben Campbell）憑藉過人的記憶力與數學運算能力，在畢業前為了支付高達 30 萬美元的學費，鋌而走險地加入了數學兼統計學天才教授米基・羅沙（Mickey Rosa）的「黑傑克社」。

　　在社團中，羅沙教授教導大家如何算牌，並搭配一套複雜的暗號系統，運用知識與團隊合作，有組織地進行算牌。每到週末，羅沙教授便帶領社員前往拉斯維加斯，利用假身分證闖進賭城賭 21 點，眾人藉由心算、記憶力與團隊合作，在賭場中屢戰屢勝，賺進大把鈔票。雖然這種手法不算「詐賭」，但是賭城所有賭場卻都明令禁止。

　　當年這部電影在台灣上映時，某大期貨公司甚至包下了

一個電影廳,招待公司所有 VIP 客戶觀看。《決勝 21 點》也成為所有投資人、證券業從業者及操盤手必看的經典佳作,目的在於讓投資人明白:一般人進賭場賭博憑的是感覺,而真正的職業賭客卻是有邏輯、有系統地算牌賺錢。這正是散戶和專業投資者之間最大的差異——散戶只是在賭牌,缺乏算牌的概念,而專業投資者懂得如何算牌。

事實上,「投資」也可以成為一門事業,因為它有其自身的邏輯。就像電影中的 21 點,只要你花心思學習投資算牌,你也能在股市賺得盆滿缽滿。

## 如何在外匯市場裡算牌?

股市中的「算牌」是指解析每一根 K 棒為何上漲或下跌,而在外匯市場中,算牌的依據則是各種數據。例如,每月第一週週五晚上 8:30 會公布美國非農業就業數據(Non-Farm Payrolls, NFP)及失業率,可說是全球最重要的數據,每次公布時都幾乎會引發全球股市與匯市的巨大波動。

此外,國內生產毛額(Gross Domestic Product, GDP)、美國消費者物價指數、製造者物價指數(Producer Price

Index, PPI)、零售銷售（Retail Sales, RS）、美國採購經理人指數（Purchasing Managers' Index, PMI）、美國聯準會會議紀錄，以及美國聯準會（Federal Reserve System, Fed）主席鮑爾（Jerome Powell）的記者會，這些都是影響股匯市的重要數據與事件。

再者，當台積電、輝達（NVIDIA）等國際大廠公布財報時，也會造成股市的波動。舉例來說，被外媒稱為「全球最重要股票」的美國人工智慧（AI）晶片龍頭輝達，於台灣時間 2024 年 8 月 29 日公布財報，其營收、獲利與財測皆優於市場預期；截至 2024 年 7 月底，輝達上季營收再創新高，達 300.4 億美元，季增 15%、年增 122%，優於市場預期的 287 億美元；公司預估第三季營收超乎多數華爾街分析師的預期。

一般人多半認為這麼漂亮的數字，輝達的股價理應上漲，然而盤後股價卻在財報公布後下跌超過 7.3%。在此之前的一年半裡，只要輝達公布財報，數字總是優於預期，使得輝達股票一路大漲，從 39 美元漲到 140 美元。理論上輝達應該複製過去的走勢，為何這次不漲反跌呢？

我認為有以下原因：

> 投資冥想法
> 快速顯化你的財富

## 採購輝達產品的國際大廠還沒賺到錢

過去一年半裡，美國的微軟、Meta、Google、Apple 不斷砸大錢購買輝達的晶片和設備，但他們買了之後，到目前為止仍未出現殺手級應用\*。即使是最為人熟知的 ChatGPT——那個可以用人類自然對話方式互動、處理複雜語言工作（包括自動生成文字、自動問答、自動摘要等）的 AI 聊天機器人，其功能雖多，卻也尚未達到必不可少的地步。

換句話說，這些國際大廠在採購了輝達昂貴的設備後，仍未能透過它們產生顯著營收與利潤，未來可能不會繼續大量採購，因為若大廠沒賺錢，股東就會發出異議。若輝達失去這些國際大廠的訂單，業績自然會下滑。

## 股民對輝達的過高估值產生疑慮

股票買的是一家公司的未來，而不是它的現在。就輝達而言，AI 的確是改變人類未來的核心產業，所以股民對輝達本來充滿信心，願意給輝達一個超乎預期的價格。

假設今天輝達的股價來到四十多美元，我認為股價未來

---

\* 殺手級應用：指一個極具價值的電腦程式或服務，其具有較強的吸引力或必要性，而消費者願意為這個程式或服務購買特定硬體、軟體產品、作業系統產品或服務等。

會漲到 50 美元，那麼我就願意用 50 美元買入；等它漲到 50 美元時，我相信它還可以漲到 60 美元，那我便會以 60 美元買進。我是以溢價買入，但一路追追追，追到現在已經 140 美元了，此時我便會開始懷疑：「我還要再追下去嗎？它的股價還能像過去那麼強勁嗎？」

因此，雖然輝達的財報優於預期，但股民已不想再當實驗裡的白老鼠；**當股價無法讓後來者繼續做夢、買進時，股價就會下跌**。這正是股市運作的一個核心現象。

## 遇到股市反轉，該如何應對？

以前能賺錢的模式，現在不一定能繼續賺錢。如今輝達的股價位階已不相同，50 美元、60 美元與 140 美元之間的差距達到兩三倍。股票價格越高，代表大家對該股未來持續成長的預期越高；然而，當大家對這個預期都不看好、變得保守觀望時，股價便會不漲反跌，進而形成所謂的「反轉」。

面對這類反轉，漫不經心、放飛自我的人會認為：「反正輝達每次大跌之後都會大漲，所以這次下跌只是暫時的，

### 投資冥想法
### 快速顯化你的財富

是股市中的常態,根據過去的歷史經驗,輝達一定會漲回來,問題不大,不用管它啦!」然後,一直等到股票漲回歷史高點才肯放手賣出。前提是這支股票是績優股,要長期投資需要持續追蹤公司是否維持競爭優勢與成長動能,否則有很多股票抱到下市,將會血本無歸。

但懂得算牌的人在技術上則會有自己的停損、停利策略:當股價跌到前低關鍵位或季線(過去三個月的平均成本線)以下,就一定要全部賣出,停利出場。

舉例來說,假設你買進一張 600 元的股票,股價曾一度漲到 1,000 元,你可以採取移動式停利策略,當時你沒有賣出;那麼,當股價跌到 900 元以下時,你就必須賣出,因為 900 元是你的停利點。雖然你可能沒賺到在最高點賣出的 48 萬元,但至少賺到了 30 萬元。

當然,不是每個人都將前低關鍵位設在 900 元,你可以設在 900 元、800 元或 700 元都無妨,但你一定要找出一個合理的關鍵位;也有人以季線或半年線(過去六個月的平均成本線)作為基準,跌破這兩條線就必須停利出場。

如果你是買在 850 元,那麼你的停利點就要設在 1,000 元,或者以月線為基準,跌破月線就要出場,這樣至少可以賺 15 萬元。因此,你的買入成本越低,可談判的籌碼就越

多；反之亦然。

　　所以，你應根據買進價格來設定關鍵部位，確保自己有一定的利潤。例如，假設你預設此次進場至少要賺 10 萬元；若你買進一張 750 元股票，從 1,000 元跌到 850 元時，就必須忍痛賣出，別讓獲利又賠回去，最終白忙一場。如果股票買進數量較多，你可以選擇一次賣出，也可以分批賣出。

# 14

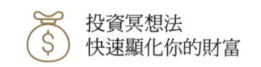

# 超越賺錢：
# 用正確心態複製獲利模式

有一次上課，我問了一個學員常被問到的問題：「你為什麼要投資？」

學員們幾乎無一例外地回答：「為了賺錢啊！」

此時，我都會告訴他們：「錯！**賺錢只是表象，自尊才是內核。投資必須具備技術、心態和運氣才能賺錢，少了任何一個條件都賺不了錢**。其中的運氣，說穿了，其實是跟趨勢有關。譬如說，你在股價 500 元時買進，結果股票一路漲到 700 元、800 元、900 元，甚至破千元，那是運氣好並不是你技術好，而是你剛好抓住了那段上漲趨勢。只要做對趨勢，就是躺著也能賺錢。」

有學員舉手發問：「老師，你的意思是說『運氣』最重要嗎？」

我笑著回答：「投資一定有運氣成分！但不能每一次投資都靠運氣，每次投資是獨立的事件。一支股票漲到一千多元，也是 30 年來的頭一回，下一次的再漲到 2,000 元不知道還要等多久。如果只憑感覺、靠運氣賺錢，就沒法複製這次的成功經驗，所以才需要建立一個投資邏輯系統，讓人能不斷複製賺錢模式，既能讓你現在賺錢，未來也能一直賺錢。」

又有學員問：「老師，你剛剛說投資不是為了賺錢，那為什麼賺到錢我們會這麼開心？」

我說：「這就是我剛剛提到的三個條件裡的技術和心態。當你擁有正確的心態，在正確的時間決定了買賣，最後使你賺錢，被市場認同了，當然會感到開心！」

**其實，「賺錢」僅僅是進入投資市場的初衷。投資最深層的內在原因是：你希望透過投資來驗證自己的判斷能力。** 當你可以賺到 1,000 元、1 萬元、10 萬元，甚至更多錢時，你就會逐漸建立起底氣，覺得自己甚至可以挑戰 50 萬元。這些挑戰的成功不斷帶給你成就感，最終滿足了你的自尊心，而賺錢就成了附帶的結果。

投資冥想法
快速顯化你的財富

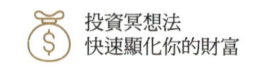

## 停利出場後,該怎麼走下一步?

很多人在停利出場、確定現金入袋後,往往會自信心爆表,覺得自己是個無所不能的投資奇才,完全就像被某某行業耽誤的巴菲特,於是想打鐵趁熱賺更多錢。這是很正常的人性,但投資市場正是考驗人性的修羅場。

一旦人心大急躁,就會失去謹慎,再次進場時可能看到黑影就開槍,投資方式變得毫無規則,往往在錯誤的進場點出手,結果怎麼操作都賠錢,從小賠變大賠,不但把之前賺的錢賠回去,還可能加碼倒貼,最終心態崩塌,再也回不了頭;這幾乎是所有投資人都曾走過的路。

一次大賺後,總得折騰個四五回,才能頓悟,重新進入「小心謹慎」的狀態,再開始回頭分析上次大賺的原因。例如:「很多人會大賺都是在特定條件下;我在 2024 年 7 月 11 日買了台積電股票,剛好遇到台積電股價 30 年來的新高 1,080 元,這是不是特定條件?這種情況可能再複製嗎?」

答案當然是很難再複製,或許還要再等 30 年。當你想通前一次大賺的原因之後,就會開始研發不同條件下的交易策略。

如果不想走冤枉路,那就要——

## 先出金以策安全

賺錢後想乘勝追擊是人之常情,但你必須學會克制衝動,先強迫自己將賺到的部分出金,不要讓帳戶裡有過多資金;隨後調整心態,讓自己休息沉澱一段時間,並感謝交易之神,將所有榮耀歸於交易之神。

## 停下腳步,犒賞自己

這段期間務必「犒賞自己」。你可以和家人去吃一頓大餐、送自己及家人禮物、帶家人出國旅遊,或做一件你一直想做的事。總之,做讓你開心的事,享受金錢帶來的快樂。

犒賞能讓你真切感受到投資變現的好處,在內心中埋下成功的種子。例如,我有一個學生大賺一筆後,出金立刻到百貨公司專櫃買了一瓶 100ml、要價 25,000 元的頂級保養品。拿到手後,她開心得不得了,說:「我這個小資女終於也能當一回貴婦了!」這份期盼已久的快樂會激勵她,再次努力賺錢。

所以「犒賞」是一件非常重要的事,**在你大賺或連續小賺之後,一定要犒賞自己,然後不斷循環,加強記憶,使之成為習慣**。

投資冥想法
快速顯化你的財富

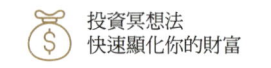

### 多多運動強健體魄

既然已經賺到了錢,當然要有健康的身體用錢體驗世界。別忘了我之前說過:「自己花的錢叫做財產,別人幫你花的錢叫做遺產。」你辛苦賺來的錢,當然應該要拿出來好好花。

運動除了強身健體,還能讓頭腦更清晰,同時轉移焦點,避免你滿腦子只想著趕快回到投資市場賺錢,以免走火入魔,反而影響投資。

### 你有多心動,就得休息多久

有學員問我:「老師,那要休息多久才能再開始投資?」

我回答說:「沉澱期至少要維持一週以上。賺得越多、成就感越大,心情就會浮動得越厲害,激起的能量也就越澎湃洶湧,自然需要更長的時間讓自己冷靜下來,休息就得越久。例如,我在 2024 年 5 月賺到 423 萬元,就休息了兩個禮拜。」

學員聞言不禁嘴角抽搐地說:「423 萬元才休兩個禮

拜？老師，你會不會太拚了？」

我笑道：「或許你覺得不夠，但外匯市場每天都在交易，所以休息兩個禮拜已經算是很久了。」

另一位學員則問：「老師，像我現在每天賺個 100、200 美元，那要休息嗎？」

我說：「如果是小錢，你的心情沒有太大波動，那就不用休息；但如果你突然一天賺進了 2,000 美元，也就是平常的 10 倍，超出了你現有的極限，那你就需要休息一下，讓自己冷靜下來。」

其實，賺多少錢才需要休息，並沒有一個固定的標準，就看那個數字對你來說有多心動。人的極限是會不斷被自己挑戰成功而逐步提升的，當你每天賺一千多美元，突然有一天賺進 2,000 美元，美金的差距可能讓你感覺不明顯，自然也不需要特別休息，只要照常生活即可。

## 沉澱期也有功課要做

休息的目的在於讓自己保持平常心，用正確的心態面對投資市場，才能避免隨意翻船。但在這段沉澱期，其實也有

## 投資冥想法
### 快速顯化你的財富

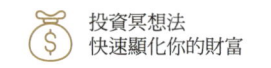

功課要做：

### 冷靜觀盤，不入金交易

在沉澱期間，你應持續觀察自己的內心狀態，直到確定自己已準備好重新進入市場，再打開 K 線圖觀察盤勢。此時，僅限靜靜觀盤，切勿入金交易，同時觀察自己的情緒波動。

這段期間至關重要，**務必讓自己的心態完全歸零**。如果你發現自己急著進場，那可能是個假訊號──你的頭腦在編織假象，誤導你認為已休息充分，但其實內心波濤洶湧的能量仍未釋放，很多人正是在這個階段失敗了。

我自己也曾多次經歷這種狀態，這個階段最容易誤判情勢，一定要小心謹慎。很多學生賺完大錢休息後急於再進場，不是他們真心不想做，而是我曾叮囑過不要急著進場，結果他們很快又進場，最終功敗垂成，賺的錢又賠回去。

### 公平客觀看待所有資訊

在心態歸零期間，雖然你可以持續觀盤，但**必須避免情緒被啟動，保持公平客觀地看待盤面所有資訊**，才能順利進入下一階段。

## 先模擬練習交易

第二階段是進入模擬倉練習，讓自己重新熟悉操作的感覺。如果股票市場沒有模擬倉，可以用筆記模擬交易，例如記錄：「9月6日10:12買進某支股票N張，價格X元」。此時，仍須觀察自己的情緒波動，確認你確實能公平客觀看待盤面資訊，才能進入第三階段。

## 用 1/5 的資金試水

第三階段便可正式入金，但**一開始只能用上次入金的 1/5 金額作為試水**。例如，上次入金100萬元，這次初次只用20萬元。如果前五次交易中出現虧損，而你到了停損點卻猶豫不決、無法即時停損出場，就表示你的心態尚未完全歸零，此時就要返回第一階段繼續修行。

但如果你在前五次交易中，能夠在該進場就進場、該加碼就加碼、該停損就停損、該出場就出場，操作如行雲流水，那麼恭喜你，你可以恢復正常倉位，開始大展拳腳！

投資冥想法
快速顯化你的財富

**15**

# 賠錢心態管理：
# 如何從容應對，逆轉頹勢？

　　有賺錢心態管理，自然也要有賠錢心態管理。後者甚至比前者更為關鍵，因為投資最重要的是「假如遇到最壞的狀況，我該怎麼處理？」這正是所有投資人最欠缺的心態。很多人總是只著眼於如何風光賺錢，卻從不思考賠錢時該如何應對，這對於投資新手尤為明顯。

　　然而，投資必有風險，沒有人能百分之百賺錢，賠錢的時刻總會到來。因此，在進場前，即使行情看漲，即使你只是買 ETF 或存股，也必須做好最壞的打算。你要預想，若遇突發事件，例如戰爭爆發、天災人禍、房市崩盤，導致股市暴跌時，該如何將損失降到最低。只要事先有了這樣的心理準備，真正遇到問題時，你就不會手足無措，甚至可能逆轉頹勢。

## 進場前的準備 ❶ 情境預演

我知道「賠錢」是投資人很不願談論的話題,但最不想面對的事情往往也是最重要的。因此,我每次上課時,都會強調:「投資一定會賠錢,所以『學會如何面對虧損』是投資的第一步。」這時總會有學員苦著臉問我:「老師,那要如何減少虧損呢?」我回答:「首先要在事前做『情境預演』。」學員聽了通常會一頭霧水,問道:「蛤?什麼是情境預演?」

我便解釋說:「假如你是投資新手,可以先上網搜尋別人賠錢的案例,仔細閱讀他們是怎麼買的、在什麼情況下賠錢,以及最後是如何收場的。」舉例來說,YouTube 網紅 Joeman 曾以六百多元買進台積電股票,結果一路下跌到三百多元。我問學員:「如果遇到同樣情況,你會怎麼做?是在台積電跌到 600 元時停損出場,還是像 Joeman 一樣,認為只要不賣就沒有損失,一直抱著股票不放?」

不要以為這事與你無關,這可是非常重要的訓練。只見學員們交頭接耳討論後,好奇問我:「老師,如果是你,你會怎麼做?」我毫不猶豫地回答:「我會停損,跌破 600 元或 580、550 元時,就賣掉股票;萬一做錯了,再接回來就

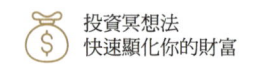

好。」

有學員又問道:「可是 Joeman 當時沒賣,一直等到台積電漲回一千多元才脫手,結果大賺了一筆耶!」

這正是投資人常犯的錯誤,用「看圖說故事」的方式解讀股市走勢是非常危險的。

所以我說:「如果你站在今天回看 Joeman 的選擇,覺得他眼光獨到,甚至想向他學習,那就本末倒置了。因為當時沒人能預知未來台積電會大漲,以致有人不惜借錢、賣房籌資,也要保留股票等待 2 年後大漲後脫手。」

這也是許多投資老手操作越來越糟的原因,因為他們總是用已知的事實來評價過去的投資選擇,結果無論怎麼檢討,操作手法始終無法進步。

**我們應該學會回到當下,從現在的角度預演未來**。也就是說,回到 Joeman 買進台積電股票的 2022 年,當年全球股災來臨,台股從年初跌至 10 月時從 18,000 點跌到 12,000 點;在這段期間,沒人知道台股未來是會漲回 18,000 點,還是持續下跌。如何在未來不確定的情況下作出選擇,才是你必須預演的情境。

至於投資老手,則可以回想自己以前賠錢的經驗:**在什麼情境下做了什麼選擇,最終導致賠錢,從中作為當下投資**

的借鏡，而不是事後諸葛。

## 進場前的準備 ❷ 設定停損方式

進場前除了做好情境預演之外，還必須預先設好停損方式，而且一定要堅守原則，不可放寬標準。只要符合以下條件，就要立刻離場：

### 設定最高虧損金額
算出你願意承受的最大虧損金額，可以是入金的 10％ 或 20％。例如，如果你投入 100 萬元，當虧損累積到 10 萬元或 20 萬元時，就必須立刻停損出場。

### 設定最多連續虧損次數
我通常會設定 3 次。例如，你買了三檔股票或連續操作三次都虧錢，這就表示你該休息了，因為當下的判斷已經失準，再繼續下去只會賠得更多。

以上這些事前準備十分重要，重要程度高達五顆星。只

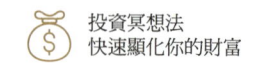

要心理建設做得好,你的賠錢心態管理就已成功了一半,幾乎能使你立於不敗之地。

## 設不設停損方式,各有什麼後果?

沒有做好心理準備的人一旦賠錢,通常會難以接受現實,不但自尊心受傷,還充滿挫敗感,心中只奢望行情能漲回來,好讓自己少賠一點。例如,賠了20元時沒賣;等到賠了50元時,更是不願出手,然後抱著希望行情能漲回來,變成只賠20元就好,於是繼續等待。然而,行情往往與你作對,只漲回到只賠30元,這時你又想:「只差10元了,再等一下就好。」

結果這麼一等,股價反而跌到賠80元,讓你更加不甘心,開始希望行情能漲回來到賠50元,但最終,股價最多漲回賠60元。此時若你仍不肯放手,只能眼睜睜看著自己賠80元、100元,再也無法挽回頹勢,最終心灰意冷,索性任其下跌,結果往往就是血本無歸。

不設停損點的人通常從未想過賠錢的風險,因此賠錢時就沒有底線,甚至會不斷挑戰自己的心理極限,結果形成惡

性循環,無法將賠錢的經驗作為借鏡。等到下一次交易時,他們仍然會犯同樣的錯誤,最終還是賺不到錢,可嘆的是,這就是人性。

但也有人展現了逆人性的作為,他們事先設好停損點,遇到虧損時能迅速冷靜下來,當下就察覺自己的錯誤。這一步極為重要,因為只有這樣,你才會發現自己之所以虧損,是因為逆著趨勢操作。要知道,**「順著趨勢就會賺錢,逆著趨勢一定賠錢」是投資市場不變的鐵則,也是最公平的原則,無論投資人有錢沒錢、年紀大小,這一點都是適用的。**

這類人會堅守自己的底線,絕不輕易移動最後的停損點,因為他們深知,只要一移動停損點,就等同於「不停損」,最終可能導致無限延後,無法保護本金。在投資上,只要打順風牌,人人都可以成為股神;但贏家與輸家的區別,就在於面對逆境的態度與應對作為。

## 開始操作後,如何降低虧損?

進場之後,有以下兩種方式可以降低虧損:

投資冥想法
快速顯化你的財富

## 建立警報系統，留心出場訊息

操作過程中，一旦出現出場訊號（以下簡稱「出訊一」）時，就要立即拉起警報，強迫自己正視不利的訊息，見圖表 4-1 的案例。

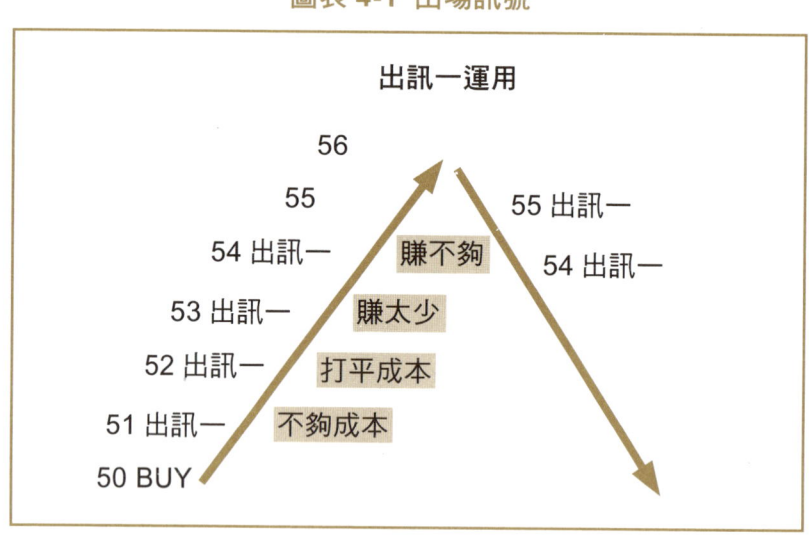

**圖表 4-1 出場訊號**

出訊一運用

```
                    56
                 55
        54 出訊一        55 出訊一
                  賺不夠
        53 出訊一        54 出訊一
                  賺太少
        52 出訊一
                  打平成本
        51 出訊一
                  不夠成本
        50 BUY
```

假設你以 50 元買進一檔股票，當它漲到 51 元時，不用高興得太早，因為這一元是不夠給券商的手續費和政府的交易稅；漲到 52 元時也還不夠，因為此時才剛打平成本；漲到 53 元、54 元時則獲利太少。從 51 元到 55 元之間如果持

續出現出場訊號，就表示你不能大意，只有當股價漲至 56 元，代表獲利真正拉開，才是你能放鬆警戒的時候。

若股價從 56 元跌到 55 元，意味著你的獲利縮水；跌到 54 元時，則該出場了。唯一沒有出場訊息的情況，就是你買進後一直上漲。譬如，2024 年 9 月 24 日大陸股市從 2,750 點開始上漲，連續漲了 5 天，到 9 月 28 日漲到 3,336 點，獲利已經大幅拉開，此期間若買進股票，就不會出現任何出場訊號。

只要獲利沒有大幅拉開，就必須保持警戒，隨時準備停損出場，因此「出訊一」可說是非常重要的警報系統。

此外，不利的投資訊息不僅包括股票走勢，還涵蓋生理和心理狀態；譬如當你覺得頭暈腦脹、身體不適，或者因為與人爭吵、工作不順、被主管斥責等，導致心情不佳時，這些狀況都不利於投資，此時一定要離場休息，以策安全。

## 從 K 棒圖中找出關鍵點位

你可以找出近期的最低點，或以月線、季線、半年線等均線作為依據。只要股價跌破前述關鍵點位，就必須停損，絕對不能更改停損條件，必須立即出場。

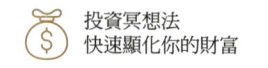

## 虧損出場後,該如何自處?

雖然果斷出場能減少損失,但最終仍賠了錢,心裡難免難過。然而,最可怕的是因此起了報復心態,急於把虧損金額立刻賺回來,於是又投入更多資金,開始第二次交易;更因憤怒和不甘心,思緒混亂,在頭腦不清的狀況下未能慎重分析就冒然出手,結果往往造成第二次更大的虧損。

**正確避免繼續虧損的做法是:出場後立即關機,遠離盤面**。請記住:除非你金盆洗手、永遠退出投資市場,否則**你賺到的錢,其實都是暫時寄放在你那裡的;同樣,你賠出去的錢,也是暫時存放在別人那裡的**,等你準備好了,自然能把它拿回來。

在賠錢之後還能這麼想,算是一種很高的境界,得修練很久才能達到;如果你能有這樣的格局,就能以平常心面對賺與賠,成功賺錢的機率也會大幅提高。

此時,有學員問我:「老師,那要如何準備,才能把錢拿回來呢?」

我說:「首先,要撫平你波濤洶湧的內心,讓自己徹底放鬆下來。平常就要建立自己專屬的放鬆管道,以備不時之需。」

例如，我平常會用洗澡、睡覺、運動、冥想或閱讀等方式來放鬆自己；你也可以參考我的方法，或許對你也有幫助！

此外，**平常要養成錄製盤面影片的習慣 —— 在進場時同步將盤面錄下來**。待自己放鬆之後，再回頭冷靜觀看這些錄影，從第三視角審視自己當時的操作：如果回到當下情境，你還會做出同樣的選擇嗎？如果會，那原因是什麼？如果不會，又是為什麼？

**把自己操作過程中做錯與做對的原因列表寫下，並公正客觀地分析、歸納此次投資，總結出結論，作為日後交易的準則與參考。至於沉澱期要多久，則要視個人情況而定。**

不要覺得這麼多步驟很麻煩，這本來就是投資必修的功課。為什麼世上贏家這麼少？就是因為太多人把投資當成遊戲。除了金融投資界工作的人，大部分正職人士對投資都抱著兼職的態度，聽到別人報的明牌就急忙買進，買了之後又急著賺快錢。人人都想賺快錢、方便錢，但根本不願花時間聽專家分析賺錢的原因、學習如何正確操作、如何規避風險，結果賺少賠多也就理所當然了。

我不求你把投資當成事業，只要你能把投資視為一項工作，將你在職場上主動積極、願意面對問題、與時俱進、樂

於學習的態度,以及工作的 SOP 一併運用到投資上,你就一定會成功,而且你賺到的錢,絕對可能遠高於你的工作薪資,甚至達到薪水的千倍、百倍!

Part
5

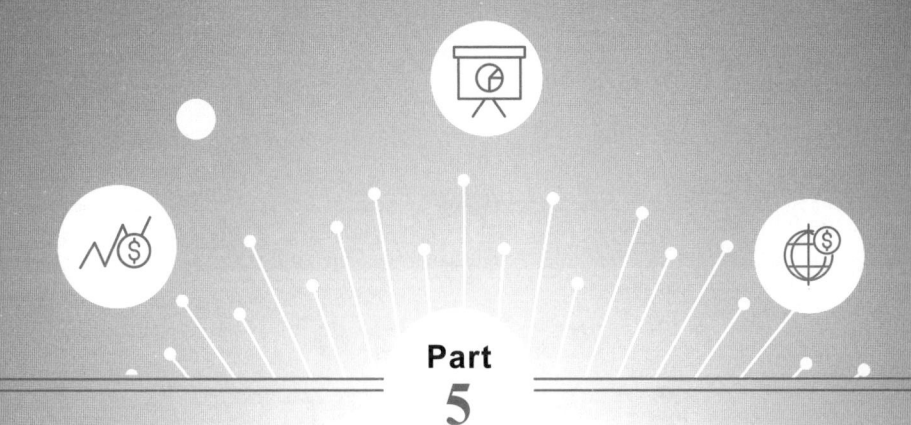

# 技術與身心兼具的
# 投資冥想法

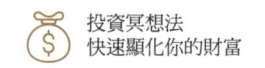

# 16 改寫人生劇本 ❶
## 淨化內在，洞悉業障

每兩個月，我都會開一堂「投資冥想」系列課程。前兩個小時，我會教導學員一個重要的內在探索主題；後面四個小時則專注於如何將該主題落實到生活與投資中，內容包括最近的投資氛圍、投資商品、美國聯準會最新訊息的討論，以及日本央行最新談話。後兩者尤其重要，對接下來 6 週的投資操作方向有重大影響，並以此規劃出未來的投資路徑。

### 命運操之在己，只要你願意

2024 年 9 月的「投資冥想」課程中，我的內在探索主題談到了「改寫人生劇本」。人的一生就像一齣大戲，每個

16. 改寫人生劇本 ❶ 淨化內在，洞悉業障

人都有自己的劇本，扮演著各自的角色。在你投生地球之前，你的靈魂便已為自己寫下了人生劇本（或稱「生命藍圖」）：你將在什麼樣的家庭出生、擁有什麼樣的父母與手足、在何時遇見什麼人或事、在各個階段會有怎樣的際遇，以及你來到地球想要體驗什麼⋯⋯這一切都已事先定好，因此才會有命理師口中的「命定」。

所幸，這個劇本可以由人的意志來改變。**只要你願意，你隨時都可以改寫你的人生劇本**。當你年幼時，受到家庭環境、父母教導與學校教育等影響，你會無意識演繹原本的劇本；也可能為了符合父母或社會的期望，而去做世人認為你該做、但未必是你真正想做的事，然後每天依循固定的生活模式，在特定的時間做特定的事，彷彿活在一種自動導航的狀態中而不自知。

等你成年、念過書、開始工作，並累積了一定的社會經驗後，你會逐漸覺醒，知道什麼是你想要的、什麼是不想要的，開始訂定自己的目標與夢想，並有意識活在「一切由自己決定」的狀態中。

有人在這個階段過得順風順水，但更多人卻對現狀感到不滿，開始質疑：為什麼人生沒能照著自己真正想要的樣子發展？宇宙明明如此豐盛，金錢與能量無處不在，為什麼有

### 投資冥想法
### 快速顯化你的財富

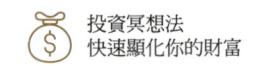

些人能任意抓取，腰纏萬貫過得如魚得水，而有些人卻總是與金錢失之交臂，被貧困匱乏所困？既然大環境都一樣，大家的立足點也差不多，為什麼有人能大賺，有人只能小賺，更多人則是賠錢呢？

## 透過冥想，淨化內在

這個問題我思考了很久。凡談到理財投資，人們總習慣向外尋求，認為要做好投資，就必須先補充相關知識、學會操作技術；但後來我發現，真正決定投資成敗的，不在於外在的投資技術或某種神奇的投資寶典，而在於你的「內在」。

**一個人的內在素質才是關鍵；只要內在清淨充實，外在的境遇就會隨之豐盛。那要如何讓內在達到清淨呢？「冥想」就是一個極佳的淨化內在的方法。**

因此，在我的投資冥想課開始時，我總會先帶領學員進行一段冥想，幫助他們探索自己的內在，讓他們回到原點、回到靈魂的家（即源頭），重新認識自己，獲得那份清靜自在的心。

16. 改寫人生劇本 ❶ 淨化內在，洞悉業障

以下是當天大概的冥想內容：

　　你好，我是亞蒂絲，這是寂靜之道冥想，這個冥想將帶你深入寂靜的力量，回歸真我的本質，寂靜是一種強大的力量之源，寂靜具備宇宙的力量，寂靜具有療癒的力量，寂靜是找回真我的道路，現在讓我們一起進入冥想旅程，探索悠然的寂靜之中。

　　讓自己調整好一個姿勢，確保自己在一個人的空間，很好地在這裡，允許自己能夠沉浸在這段冥想旅程之中，現在我們來做三次深呼吸，更好地調整自己的狀態，吸氣，氣息流入，呼氣，氣息流出，放鬆，吸氣，氣息流入，呼氣，氣息流出，吸氣，緩緩地水流入，呼氣緩緩地釋放出去，放鬆，呼吸。

　　平靜地、平和地，讓自己的心安穩在這裡，以自己呼吸的節奏呼吸，感受氣息的流動，平穩地、自然地流入，讓心靈能夠更加地平靜，留意到自己的呼吸起伏，放鬆，專注，允許這些字詞與聲音流入你的意識，進入到你內在的最深處。寂靜是沒有言語，寂靜是最深最遠，寂靜之道是所有的泉源，寂靜是音樂聲音的源頭，聲音源自寂靜……

## 投資冥想法
## 快速顯化你的財富

這段〈寂靜之道，宇宙・覺醒・發現真我之光〉*冥想出自 YouTube 上的「Eydis 亞蒂絲冥想」頻道[†]，想了解更詳細的內容，可以上亞蒂絲的頻道找出這支冥想影片，每天晚上或睡前花 15 分鐘聽一次，至少持續一週。這能使你躁動的心冷靜下來，否則心在躁動狀態下，任何訊息都難以入耳。

## 做好事會有福報，做壞事會有惡業

多數人一生的願望都是「過上自己想要的生活」，而「金錢」則是滿足這一切的重要通行證。隨著各國金融政策的變動，全球金融市場不斷迎來一波又一波的財富洪流；但如果你仍因循苟且、不肯改變自己，就會一再錯失賺錢的良機，最終只能得到一成不變的結果。相反，只要你願意改變，就能為你的人生劇本寫下全新的篇章，踏上光明燦爛的「錢」途。

---

\* https://www.youtube.com/watch?v=uJrTfGYq3Nw

[†] 髂脛束：大腿外側的一層筋膜，從臀肌筋膜延伸到脛骨外側，與臀中肌、臀大肌、股外側肌相連，在膝蓋側邊匯集成一條束狀筋膜，最後連接到脛骨結節，負責支撐臀部運動、穩定膝關節。

人生劇本中有一個非常重要的元素，那就是「業障」。你相信人有業障嗎？我想大部分台灣人都深信業障、輪迴、前世今生的說法，但也有人斥之為怪力亂神，不以為然。

我記得 2024 年 9 月，台灣某券商的高層主管曾請我吃飯，他對我說：「我不相信輪迴，我現在只想快速耗掉我的壽命，因為我活夠了，這輩子該看過的也看過了，該有的也有了，我已經沒有什麼人生目標可追求了。」我們花了一個多小時討論這個議題。儘管他是個理工男，凡事都講究眼見為憑，除非有一天他死了變成一縷幽魂，否則他絕不會相信人有靈魂，更別提業障的說法了。

有人不信，有人相信，但相信的人往往認為「業障」並不是什麼好事，遇到不好的事便歸咎於「業障」作祟。我本人是佛教徒，曾吃素八年，自然相信業障之說。根據佛家的說法，「業障」可分為：

- **業**：指個人過去與現在行為所引發結果的總和，好的行為稱為「善業」，壞的則為「惡業」。
- **障**：即障礙，阻礙了真心與本性的展現。

但我認為，業障與福報之說只是佛教為了教化民眾所

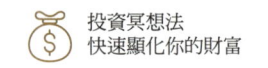

設計的一種方便法門，所以我將業障簡化為兩個人生法則：**「做好事會有福報，做壞事會有惡業」**。

根據我多年的經驗，我發現業障實際上存在於我們的潛意識中。一個人累生累世的所有記憶都留在潛意識裡，許多從小到大的認知與習慣，不僅屬於這一世，而是來自於潛意識中多個過去世。這些認知習慣造就了人的行為模式，形成了固有的性格或特質。

譬如，多數軍人都有剛正不阿、正氣凜然的特質；在企業中，真正有決策權的老闆往往善於動腦，有想法、有格局、有組織力，且具有膽識，敢於承擔責任；而負責行政庶務的人則常喜歡固定模式，害怕改變或承擔風險；經濟學家從事經濟理論的研究與應用，具備出色的分析與推理能力，這些特質都是我們累生累世積攢而來的。

## 找出自己的特質，步上專屬你的人生賽道

人的特質沒有絕對的好或壞，重要的是你必須先找出自己擁有哪些特質、屬於哪一類人。只要找出自己的特質並了解自己的定位，人生便不會隨波逐流。然而，這並非易事，

有些人花了一輩子的時間都搞不清自己是個什麼樣的人，最終渾渾噩噩地度過一生。**要知道自己的特質和天賦，必須不斷向內自我覺察與觀照，才能撥開層層人生迷霧，照見最真實的自己。**

我自己也是花了很長的時間，才逐漸找出自己的特質。15歲時，由於家裡破產，我開始在加油站打工，曾經送早報、晚上在民歌西餐廳唱歌，週末還幫人組裝電腦；專科畢業後，我當了3年半的職業軍人，發現這份工作不適合我，便迅速退伍。

退伍後，我開始從事業務工作，也曾開過公司卻結果倒閉，前前後後做了二十幾個工作，一直在找尋自己的定位。直到我進入金融投資領域，經過十幾年的學習，我才發現投資正是我的賽道、我的舞台，我可以把投資做到極致。

我很滿意自己現在的人生，那你滿意自己的人生嗎？如果你不滿意，不喜歡目前的狀態，你能精確說出是哪一點讓你不快樂嗎？你不妨回想一下，從過去到現在，在學業、工作、家庭、感情、人際關係等各方面，是不是有某些你不喜歡卻不斷重演的劇情？例如：跟父母說幾句話就吵起來、每份工作都做不久、找不到合適的感情對象、總是更換對象、即使很努力工作卻一直賺不到錢⋯⋯人生中有各種模式不停

循環，正向的模式當然可以保留，但如果是耗費你能量的負向模式，就必須去校正它。

**如何校正負向的人生模式呢？首先要做的，就是改變自己的認知。**

# 17

# 改寫人生劇本 ❷
# 改變認知與行善布施

　　在心理學中,「認知」指的是人們透過形成概念、知覺、判斷或想像等心理活動來獲取知識的過程,也代表我們思考、感知和理解事物的能力。正是因為認知影響著我們養成的習慣,進而決定了我們的命運;因此,**若想改變命運,就必須從根本的「認知」著手,才能真正破解人生的困局。**

　　以我為例,2024 年 9 月我曾前往泰國旅行,而那次旅程給了我許多啟發。其實,一開始當朋友邀請我前往泰國一遊時,我並不感興趣。平日我的行程已排得滿滿,硬要擠出七、八天出國旅行,光是想著就覺得疲憊,本想婉拒朋友的好意。可就在此時,我突然冒出一個強烈的念頭:「不行,我一定要去!那裡一定有什麼在等著我!」

　　最終,在泰國的最後一天,我受邀到曼谷參加了一場外

匯論壇。當中有位講者正是泰國知名的財經網紅。我請工作人員為我們牽線搭橋，卻因為我不懂英文與泰文，而對方也不會英文和中文，溝通顯得十分吃力。無奈之下，我只好請來兩位翻譯：一位負責泰英翻譯，另一位則擔任中英翻譯。整個對話過程變得相當繁複：我用中文表達，由翻譯轉成英文，再由另一位翻譯成泰文；對方以泰文回答，然後依序轉譯成英文和中文，現場氣氛頗為熱鬧。

我詢問那位網紅：「請問您的營利模式是什麼？」

他回答說：「我先在網路上匯集人流，再進行產品代言，並藉此抽取代言費或回饋金。」

我接著說：「我來泰國是希望分享我的學院理念和K棒知識，不知您有何建議？」

對方微蹙眉頭道：「恐怕有點困難，因為泰國人普遍偏好免費資訊，市場推廣上挑戰不少。」

聽完後，我不禁笑道：「世上哪個國家的人民天生就愛付費？既然可以免費，何必還要付費？這正是人性的本質，與哪個國家的民眾無關。」

這番對話讓我領悟到：我們應該創造出讓人們願意付費的需求，無需畏懼針對有錢人市場的挑戰，畢竟肯付費的人依然不少。而這位網紅卻認為「大家都不願意付費」，因此

他不斷製作內容以吸引流量,卻難以直接將內容變現,只能依賴產品代言來獲利。

而我的內容正好不同——我的知識極具價值,學習付費能快速學到一套完整投資邏輯體系,可以彎道超車。我也相信,如果這位網紅能調整其認知,必定能創造出更多現金流。

這趟泰國之行,我也結識一位新加坡外匯專家周老師。我的新加坡朋友曾讚道:「這位周老師在當地外匯圈相當有名,是位資深且專業的專家。」與他交流之際,我向他分享了我在台灣的教學情況。

周老師驚訝地問:「你的課程費用怎 能這 便宜?」

我問周老師你的教學內容,他說:「我會讓助理教導從 1 小時 K 與 4 小時 K 週期分析圖表去找關鍵點。」

我問:「那當下會動的活 K 怎麼判斷?」

他說:「一般都是等 K 收不動後才去解讀與處理。」

他問我:「那你怎麼教學?」

我回答：「我是以 15K、5K、1K 三個週期，分別代表長、中、短不同時區，綜合分析多空主力的企圖並找到高勝率的關鍵位，除了分析解讀過去 K 棒的規律，主要會專注解析當下會動的 K 棒多空的動能與意圖，並規劃未來劇本兩套劇本為核心。」

　　他說：「當下會動的 K 棒解讀是非常不容易的。」

　　與周老師的交流心得是讓我更確認「會動的活 K」是需要傳遞到全世界的投資人，讓大家在學習投資上能多一項技能。我的學員來自全球各地，我也開始鍛練自己的英文能力，並訓練來自各國語系的學員，走出台灣看看能發生什麼美妙的際遇。

　　正如以往每次認知的更新都引領我邁向人生的重要階段，如今這全新的認知已在我心中萌芽並逐漸成長。我堅信，未來它必將為我開啟通往新世界的大門。唯有改變認知，才能展開人生的新篇章，而**「改變認知」正是我們改寫人生劇本的第一步。**

# 用「布施」改變命運、翻轉人生

**改變人生劇本的第二步是「找到貴人」**。量子錢母能夠透過訊息幫你尋找貴人，這是一種快速找到貴人的方式；而另一種更實質的方法就是「廣結善緣」，而「布施」正是廣結善緣最有效的途徑。

只要細心觀察，就不難發現，大部分富有的人都擁有豐厚的福報。他們的氣場極佳，總能吸引眾人相伴，因而也更容易結識到貴人。這往往源於他們常常布施；君不見，世上許多知名富豪幾乎都有自己的慈善基金會，而且在成為富豪之前，他們就已經養成了布施的習慣。正是因為宇宙認為這些人有能力承擔更大的使命，才會賦予他們大量資源，讓他們得以造福世間。

在我尚未發家致富之前，常因為缺錢而斤斤計較，不願布施，也不肯無償將錢財施與他人。直到後來讀到《了凡四訓》一書，我才深刻體會到布施的重要意義。該書乃明朝官員袁了凡將自己的人生經歷與對命運的新認識，寫成四封家書後整理成書，成為中國家喻戶曉的善書。

袁了凡（原名袁黃）出身於官宦世家，後因家道中落，小小年紀便失去了父親。母親希望他學醫，他也遵從母命，

### 投資冥想法
### 快速顯化你的財富

期盼將來能懸壺濟世。某日，袁黃在慈雲寺遇到一位自稱孔先生的老人。孔先生精通相術，為他算出童生考試第 14 名、府學考試第 71 名，以及提學考試第 9 名。三場考試的結果竟都與孔先生所言相符，這讓袁黃嚇得半死。

隨後，孔先生預言袁黃的功名僅止於貢生，僅能官至四川某縣令，並預言他 53 歲時壽終正寢，一生無子。袁黃對孔先生的卦算結果深信不疑，認為一切皆已命中注定，因而失去了奮發向上的動力，最終接受了孔先生的建議，放棄學醫，繼續科舉考試。

然而，37 歲那年，袁黃遇見了雲谷禪師。雲谷禪師教導他行善積德，並傳授準提咒，告訴他命運掌握在自己手中，即便是宿命也能改變。於是，袁黃自號「了凡」，從此修正觀念，開始積極行善助人。結果不僅改變了他的命運——他不僅沒有如預言般 53 歲便死去，還迎來了一個兒子，並在 69 歲那年寫下《了凡四訓》，最終活到 74 歲。

《了凡四訓》深深影響了我，它改變了我的認知，讓我體會到布施的重要。行善布施不僅能夠改變命運，更使我逐步遠離貧窮匱乏，開啟了我的財富之路。

因此，我常在課堂上分享這個故事，並強調布施的重要性，認為這是不可或缺的一環。許多學員曾問我：「老師，

可是我現在自己都缺錢,哪來錢布施呢?」

我回答說:「**捐多少錢並不重要,重點在於你的心意。而且要趁還不富裕時就多捐一點。**」

有學員不解地問:「為什麼?那錢不是更快流走嗎?」

我說:「正好相反,當你處於人生低潮、身上寥寥無幾時,愈該布施,因為此時的布施更具分量。即使只是一兩塊錢,只要你捨得付出,必定會迎來更大的回報,就像物理學中作用力與反作用力的原理一樣。」

星雲大師在其著作中曾提到〈乞女變皇后〉的故事:有個乞丐女孩經過一座正在舉行法會的寺廟,看到眾多信眾在打齋、點燈、布施,她十分羨慕,也渴望布施,但身為乞丐怎能有錢呢?正當她一邊思索、一邊摸索口袋時,竟發現僅有的一枚銅錢。她立刻滿懷喜悅地將這枚銅錢捐出。寺廟的住持得知此事後,深受她誠心感動,便親自為她誦經祝福。

不久後,這個國家的皇后去世,國王悲痛不已。有一天,國王上山打獵散心,忽然發現前方樹下放射出耀眼光芒。走近一看,原來光芒是從一位乞丐女孩身上散發出來的。見她眉清目秀,國王便將她帶回宮中。待女孩沐浴更衣、換上新裝後,竟美若天仙。國王逐漸愛上她,最終立她為后。女孩認為,自己之所以能從乞丐變成皇后,必定是因

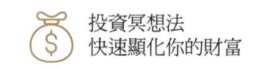

為布施所積累的功德，於是便準備了十大車的金銀財寶奉獻給寺廟；但最終只有知客師出來迎接她。

皇后頗感不解：「我以前僅僅布施了一枚銅錢，住持便親自為我誦經祝福；為何如今我成了皇后，用上千萬倍的財物來布施，反而只獲知客師父接待？」

知客師回答說：「當初妳只是個貧窮的乞丐，布施那微薄的銅錢卻是妳傾盡所有，那份虔誠之心比天地更為浩大。如今妳帶著高傲與我慢而來，儘管表面上看似以十大車的金錢供養，實際上卻顯得微不足道，自然無需住持大師為妳誦經祝福，只需知客師接待便足矣。」

因此，功德的大小並非僅以金錢多少來衡量，關鍵在於布施者的心意是否虔誠。

「捐出 1,000 元」對月收入 3 萬元到 5 萬元的人和月收入 30 萬元的人而言，其意義大不相同。在富裕時捐贈，往往不會糾結於「捨不得」；但在貧困時，即使捐出 10 元、100 元，內心也會充滿掙扎，若仍能慷慨捨出，便足以見其誠心。這正是為何我們要珍惜人生低潮時的機會——那是真正考驗心性的時刻，只要你能在那時捨得付出，未來必定會有更大的回報。

**布施除了助人之外，最重要的目的便是廣結善緣。**即便

你只是將銅板投入零錢捐款箱,也不要只選擇一個箱子。假設你打算捐出 100 元,不要將百元鈔一次性投進同一個捐款箱,而應分成多次捐出,或在捐款時不僅僅捐助單一單位,而是將款項分成幾份,捐到不同的機構。如此一來,你便能結下更多、更廣的善緣,找到貴人的機會也就更大。

投資冥想法
快速顯化你的財富

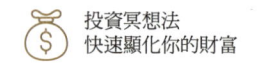

## 18

## 改寫人生劇本 ❸
# 廣結善緣，讓人生暢行無阻

　　我的露營車體積比一般轎車大許多，每次停好車後，我都會前後仔細檢查一番，以確保安全。2024 年的一個雨天，我停好露營車後正檢查車體是否擋住店家的招牌，這時突然有人拍了拍我的肩膀。我轉頭一看，原來是一位看起來像街友的老伯。他對我說：「不好意思，可不可以給我 20 元？我想買包菸。」我毫不猶豫地給了他一張百元鈔。老伯愣了一下，隨即神情慎重地說：「年輕人，我欠你一份情。」我笑著回答：「不會啦，別客氣。」

　　一般人遇到這種情況可能會感到不舒服，甚至因受到威脅而害怕或為難，也可能選擇不理，甚至惡言相向；但我看到這位老伯卻滿臉喜悅，因為他正是我結下善緣的小天使。

## 他們不是詐騙者，而是小天使

在日常生活中，我們常會在傳統市場或街頭遇到一些向路人尋求幫助的人。對我來說，許多人都是那群真心需要幫助的小天使，他們或許正因生活困境而淪落街頭，每個人背後都有難以言說的故事。當我看到這些人時，總希望能夠伸出援手，用一點微薄之力去溫暖他們的心，並藉此結下真摯的善緣。

然而，我也清楚認識到，現實中確實存在部分人可能會利用他人的同情心，冒充需要幫助的小天使以謀取私利。面對這樣的情況，我在施予幫助時會更留意當下情境，盡量根據自己的判斷和能力提供適度支持。這樣既能幫助到真正需要幫助的小天使，也能避免善意被不當利用。

總之，我相信用真心去幫助那些真正需要的人，不僅能夠改善他們的生活，也能為自己帶來正向能量和貴人的相助。當我們以真誠與關懷去對待身邊的每一個「小天使」時，這份善意就會在生活中傳遞開來，最終營造出一個更溫暖、更充滿正能量的人際環境。

投資冥想法
快速顯化你的財富

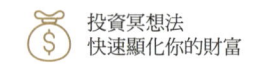

# 與人分享金錢能量，就是在「廣結善緣」

泰國曼谷的交通堵塞出了名的誇張，除了深夜，幾乎任何時候都在塞車。我有位朋友在泰國曾因塞車三度錯過飛機。2024 年 9 月 20 日，也就是我要離開泰國的那天，我用手機叫了一輛計程車前往機場。司機明明已接單，卻不知為何遲遲未到，結果我連續被拒絕了兩次，心中焦急萬分，生怕趕不上飛機。直到第三次叫車，才終於有一輛計程車如約趕到。

這位司機迅速將我送到機場，當時車費是 394 元，我付了 400 元。司機正準備找零時，我告訴他不用找零，反而把錢包裡一百多元的泰國硬幣一併交給了他。他對我的大方表現感到十分驚訝，不斷連聲道謝，但他卻不知道，在我被拒絕兩次之後，唯有他肯前來接我，並平安將我送到機場。對我來說，這位司機小天使所創造的價值，遠超過那筆車費。

其實，除了這次泰國計程車的經歷外，「坐計程車時不收司機找零」一直是我多年來的習慣。其一，我深知計程車司機賺錢不易，他們如此辛苦，理應多給些小費。例如，從桃園機場乘計程車回鶯歌需支付 800 元時，我特意準備了 9 張百元鈔給司機；其二，多給司機小費，也是廣結善緣的一

種方式。

我曾是一個事必躬親、凡事能省則省的人。以前去機場搭飛機，我一定自己開車前往，再找個免費停車的地方，接著轉乘捷運到機場，這樣可以省下來回近 2,000 元的計程車費。但如今我不再這麼做，因為我認為這樣的精打細算實在太愚蠢，不僅僅是因為我變得有錢了，而是我的認知已發生改變。

我深信，**錢一旦給出去，就會吸引更多貴人相助，所付出的金錢最終都會百倍回報**。因此，我願意花 2,000 元來回搭計程車，將錢分散給不同的人。這樣做所創造的價值，絕對遠高於那 2,000 元。

「捨得，捨得，有捨才有得」這句話果然真實。自從我學會捨得，盡力把錢散出去後，我內在的磁場和外在的面相都有了明顯變化，不僅變得越來越富有，也深刻體會到布施力量的強大。

## 勤於行善積德，他朝必有後福

不要小看行善布施的力量，它帶給你的回報往往超乎

你的想像。我自己和身邊就有許多例子。還記得我在前言中提到那位幫我買到兩間房子的房仲黎先生嗎？他也是我一位學員的先生。在我買房後，他也準備出售自己的一間出租套房。

然而，當時銀行已經實施限貸令，買房者很難拿到房貸。黎先生公司的業績因限貸令在2024年8月一度暴跌8成。除非買家足夠富有，可以一次付清房款，或者背景足夠硬、貸得出房貸，否則房屋買賣很難成交。黎先生在賣房時一直擔心房子會無人問津，但沒想到才掛牌不久，房子便順利賣出。

得知此事後，我十分驚訝，忙問他：「真的假的？那對方的貸款怎麼那麼順利？」

他回答：「好神奇，非常順利！而且竟然貸到了8成。」

我簡直不敢相信，問道：「7月以後還能貸到8成？這怎麼可能？」

黎先生解釋道：「我也很好奇，就去問了承辦的代書，結果代書告訴我，買房的人在中央銀行工作。」原來如此，中央銀行可是所有銀行的老闆，銀行怎可能不給那人貸出八成的房貸呢？

我認為，黎先生之所以能如此幸運，正是他與夫婦長期行善積德、布施捨得所帶來的福報。他們長期參與各種捐助活動，並且是我們學院的愛心大使。黎氏夫婦信奉濟公師父，而濟公師父曾指示他們投身社會捐助，因此他們多年來一直致力於幫助社福團體募集各種物資。

他們會主動詢問各個社福團體所需的日常用品，請對方列出清單，然後根據清單募集物資，或募款後上網訂購，再將購買的物資送給需要幫助的機構。

我也特邀力銘與緗庭夫妻擔任金牌獵人投資學院的愛心大使負責物資助捐群，每個月都會募集小額捐款，每筆金額都是 100% 捐出並提供報表可供核對。目前固定助捐團體。桃園、花蓮、南台中、南投家扶中心、安康教養院、慈愛教養院。

例如，有一次他們與我合作募得 50 箱衛生紙，並將這些物資寄給桃園的家扶中心，由家扶中心再通知有需要的家庭前來領取。我相信，他們能順利賣出房子的運氣，與他們平日積極行善布施、廣結善緣的精神密不可分。

投資冥想法
快速顯化你的財富

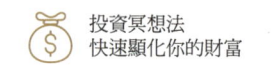

## 19

## 改寫人生劇本❹
## 全然相信，更能心想事成

根據我多年的觀察與經驗，我發現了一個有趣的現象：宇宙似乎有許多不同領域的「負責人」，就像戶政事務所裡有各負其責的承辦人員一樣。例如，在金融投資領域，股市、匯市、期貨各自有不同的專家負責，宇宙便會不斷傳送訊息至這些領域，由各領域的負責人統籌管理，再將相關訊息投放到地球上。

### 提前掌握商機，創造新的人生劇本

科技產業名人黃仁勳於 1993 年與人共同創立了圖形晶片公司輝達，如今他擔任輝達公司執行長，帶領公司研發

GPU（圖形處理器），並推動 AI、高效能運算、遊戲、創意設計、自駕車及機器人技術的進展，讓輝達成為全球視覺運算技術的領導者。

我認為，黃仁勳正是接收到宇宙在電腦資訊領域傳遞的訊息，獲得了 AI 的靈感，從而開始投入 AI 的研究。儘管也有人在研究過程中因找不到解答而放棄，但黃仁勳持續獲得靈感，突破技術瓶頸，制定了許多規範，讓我們在十多年後看到了 AI 的雛形。

未來的十年將是 AI 的黃金時期，也是賺錢的大好時機。就如 1980 年蘋果公司上市時，當初買進一股蘋果股票的人，如今已擁有 224 股，資產增值 224 倍。提前掌握商機，就是讓財富倍增的機會。

2024 年 9 月，我參加了一場在泰國舉辦的外匯論壇，現場見到了瑞士蘇黎世 Interprefy AG 軟體公司開發的 AI 即時口譯軟體。過去國際會議往往需要大量即時口譯人才，以應對多國語言的需求，這部分的人力成本相當可觀。但如今有了 AI 即時口譯軟體，例如：在此次泰國論壇中，發言者只要透過麥克風輸入泰語，大約 5 到 6 秒後便能自動翻譯成英文；若是中英互譯，速度更是迅捷。

我還參觀了 2024 年 9 月在台灣舉辦的國際半導體展，

看到 AI 技術已被應用於生產端，雖然在殺手級應用上還未充分展現，但我堅信未來三年內必會出現革命產品。屆時，相關產品問世後，股價也將有極大可能迎來飆升。

因此，如果你現在有餘錢，一定要投資 AI 相關股票。你可以先買入輝達、台積電這兩支基礎 AI 股或 AI 概念的 ETF，然後長期持有。對於資金較少的人來說，則應開始存錢，慢慢進場買入 AI 股票。不必過分考慮是否具備購買能力，重點在於你是否真心想投資；當目標確定後，方法自然會出現 —— 這便是一種認知的轉變。

如果你有創業夢想，也可以結合 AI 元素。未來所有商品和服務都可能與 AI 產生聯繫，只要你能找出消費者的需求點，再搭配 AI 技術，創辦出一間與 AI 相關的公司，就很有可能順勢大賺。譬如，我接下來就打算結合 AI 進軍健康產業，目前正規劃一家健康諮詢中心，已經有了初步的架構。長期與營養師合作使我驚覺，現代人對健康有許多錯誤認知；而健康正是接收財富的天線，有了健康的身體，才有機會賺錢，對吧？

## 創造獨特商機，成為獨一無二的贏家

無論你從事什麼行業，只要能解決大多數人的需求，就自然能賺錢。你要學會「張開天線」，找出生活中人們需要的服務。舉例來說，股神巴菲特在 9 歲時便發現了一個需求點，從而小小年紀便賺進驚人的報酬。

在美國，幾乎每家都有庭院，當時送報員只將報紙放在客戶門外的郵箱，而客戶需穿越寬廣的庭院取報。冬天寒風刺骨，許多人不願意走這一小段路。巴菲特看見了這一商機：幫客戶把報紙從郵箱送到屋內，收取一點送報費，經過挨家挨戶服務，每天便能穩賺不賠。

在中國大城市中，美食外送 APP 已成為人們日常生活的一部分，台灣無論大城小鎮，都可見 FoodPanda 和 Uber Eats 活躍於街頭。隨著越來越多人投身外送市場，正是因為有人看到了人們對外送服務的迫切需求。新冠肺炎疫情期間，外送平台更是逆勢成長。

在金融市場中，專家通常研究「死 K 棒」，因為它們能讓人看圖說故事，提供精準、穩定的資訊；相對而言，「活 K 棒」則充滿變化與未知。

最初，我也是只研究死 K 棒的一員，但始終未能獲

> 投資冥想法
> 快速顯化你的財富

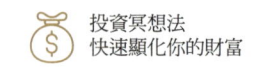

利。後來，我開始思考：「既然看死K棒賺不到錢，何不嘗試研究當下的活K棒呢？」於是，我敞開心扉，透過冥想獲得靈感，彷彿接收到宇宙在匯市的訊息，開始探索活K棒投資法，最終創造出獨一無二的投資模式，走出屬於自己的一片天地。

**只要你能抓住獨特的商機，或創造出自己的獨門絕活，就有機會成為最後的贏家**。首先，你必須找到自己的賽道，敞開心扉與宇宙對話。一旦與宇宙的頻率對接，你便能接收到源源不絕的正向訊息，從而開啟一帆風順的人生。

## 「心想事成」是人生的標準配備

有一次，我要把物品搬上我的露營車，便將停在遠處的車開到家門口。我的家位於鶯歌鎮最繁華的路段，樓下是一排店面，因此不得不將龐大的露營車停在店門口。雖然該車位是合法的，但這麼一停會妨礙到商家的生意，令我心中頗感不安。

我認為阻礙他人生意是不道德的，也可能與我的發心有關。結果，老天似乎另有安排，給了我一個更理想的停車

位。原本我可以只顧自己方便,但我選擇關注他人,這一認知的轉變,也啟動了改變現狀的能量。

後來,我發現旁邊巷子裡有四個車位,其中第一和第四個最適合我的露營車停放。儘管當時車位已滿,我仍堅定地告訴媽媽:「我說有就一定有!」雖然她一開始不相信,甚至回我說「不可能啦」,但我內心毫不動搖。僅過了十幾分鐘,媽媽驚呼:「兒子,那裡有車位了!」我趕緊下樓,果然成功停上車位。

不只是在停車位的選擇上,「心想事成」已成為我生活中的常態。你以為這種本事只有我具備嗎?錯!「心想事成」原是每個人生來應有的能力,但現今卻成了少數人必須花大錢才能學到的特殊技能。事實上,每個人都擁有這種天賦,只要你願意相信,便能逐步開發出來。

如果你對現狀不滿意,大可重新創造你的人生劇本。但首先,你必須明確自己想要的未來:你期盼怎樣的工作、另一半、家庭,甚至孩子;未來二三十年的生活圖景必須具體描繪。**最重要的是,你必須全然相信 —— 相信可能得到,因為不相信就一定得不到。**

然而,許多人常因短暫的失望而放棄信念:「我只相信了兩天,沒看到結果,就放棄了。」或「我相信了一個禮

拜，什麼也沒發生，就不再相信了。」這真是可惜，因為我的翻身並非一蹴而就，而是靠著一個又一個小小轉變累積而成。

你是否聽過「蝴蝶效應」？這是美國氣象學家愛德華・羅倫茲（Edward Norton Lorenz）在1961年提出的理論，常用來說明「微小改變亦能引發巨大影響」。只要你堅持下去，即便只有一點點變化，也能透過蝴蝶效應引起巨大的改變。當你仔細審視每一個細微轉變時，你會發現改變正悄然發生。

全然相信之後，你還需要在行住坐臥間不斷冥想，提醒自己：「我可以，我辦得到！」即使內心的不相信聲音不時出現，也要一次又一次選擇信任。真正的信念不是僅靠頭腦，而是內心深處的堅定信任。

此外，你還要思考：你想要的未來需要哪些條件來實現？譬如，我的一位學員想移民到西班牙，他必須具備在異國工作的能力，才能在當地穩定收入、過上安穩生活。

所以，你應該清楚列出理想生活所需的各項條件，越詳細越好，然後逐步打造這些條件。比如，你希望每月收入增加5萬元、10萬元或20萬元，那你可以選擇打工、創業，或學習外匯保證金操作等方式。當你確定了所需條件後，就

開始行動,逐一實現。即便途中遇到困難,也不要放棄你的信念。

　　宇宙高靈賽斯(Seth)所提出的神奇之道五句口訣是:「結果先確定,方法自然來;輕鬆不費力;信任、感恩、加行動,但要有耐心。」改變需要你先相信,我常問學員:「先相信才得到?還是先得到才相信?」**吸引力法則告訴我們,先相信才能得到,並且在還沒得到前,就想像已經得到的那種雀躍、興奮的感覺,想像它已經握在手上的感覺,是快速顯化的關鍵。**再來是持續付諸行動,同時保持耐心。畢竟,你的心願從訊息層降維到能量層,再到物質層,都需要時間。只要你持續相信,必能找回「心想事成」這一人生標配,開啟一帆風順、快意人生。

## 20

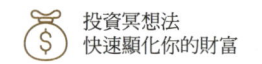

# 總體經濟分析 ❶
# 聯準會會議紀錄解密

　　談到全球總體經濟,美國經濟絕對不容忽視,尤其是美國聯準會的動向對全球金融市場具有重大影響,可謂主導著全球經濟的走向。而每隔約 6 週舉行一次、決定美國貨幣政策的 FOMC（Federal Open Market Committee,聯邦公開市場委員會）會議,更是重中之重。每次會議中的利率決議、季度經濟報告及隨後召開的記者會,都成為全球矚目的焦點。

　　可惜一般人很難靜下心來細讀會議紀錄,或密切關注聯準會主席在記者會上每句話的含義。能看懂財經媒體節錄出的重點已經很不容易,但**如果要真正研究總體經濟,就必須將會議紀錄的字裡行間鑽研透徹**。畢竟,新聞媒體通常只摘取記者認為的重點,或進行個人解讀,而這些節錄並非會議

紀錄的全貌。許多被忽略的細節往往才隱含著關鍵訊息，不可錯過。

因此，本章將以亞太時間 2024 年 9 月 18 日聯準會發布的會議紀錄*（以下楷體部分為原文）為例，詳細剖析紀錄中暗藏的玄機。不要以為這樣細讀會議紀錄過於繁瑣，因為這些原始資料中往往蘊含著隱喻與重要機要，而這正是捕捉賺錢機會的關鍵所在！

## 兩年來首度降息 2 碼，大出市場意外

亞太時間 2024 年 9 月 19 日（四），美國聯準會 12 位有投票權的成員中，有 11 人投票支持將政策利率下調 2 碼（每碼 0.25％），這是自 2020 年 3 月新冠疫情以來，美國首次降息，目的是防止勞動力市場進一步放緩。在此之前，美國聯準會已連續升息 11 次，台灣央行也跟進調升利率 5 次。

央行的「基準利率」直接影響銀行間的借貸成本，同時也是各家銀行設定公眾貸款利率的重要指標。只要央行降息，各家銀行通常也會相應下調利率。當銀行借貸成本降低

---

\* 資料來源：https://flash.jin10.com/detail/20240919022245243800。

後,便會刺激更多貸款和投資活動;消費者也會更願意消費,進而推動生產力提升、創造就業機會,使得市場資金流通加快,進一步促使經濟復甦。

美國作為世界第一大經濟體,其降息意義更為重大。聯準會主席鮑威爾在會議紀錄開宗明義地指出:「最近的指標表明經濟活動繼續穩步擴張。」這顯示當時並無經濟衰退的徵兆,也為隨後的投資決策奠定了基調。

美國政府的經濟數據一直比華爾街的數據更為精準,而聯準會的動作則取決於是否獲得足夠確切的資訊。這兩年來,聯準會常被批評「動作太慢」,但實際上,為了解決頑固的通膨問題,聯準會必須反覆確認各項數據。當時市場普遍預期僅降息1碼,但聯準會卻一口氣降了2碼,令市場大感意外。畢竟,遊戲規則是由聯準會制定,即使市場希望僅降1碼,也無法左右其決策。**小祕訣:每當出乎市場預期時,就會出現劇烈波動,這是好的交易機會。**

## 50年來最低的失業率,企業要人才得用搶的

聯準會紀錄中提到:「就業增長放緩,失業率有所上

升,但仍保持在低位。」因此,美國政府如今關注的不再僅是通膨,而是就業狀況。一般而言,4%的失業率被視為「充分就業」,意味著所有求職者都能找到理想工作;而失業率介於4%至5%之間,對美國來說屬於正常狀態。

由於新冠疫情影響,過去一段時間美國的失業率一直保持在3.4%至3.8%之間,這是50年來從未出現過的低水平,反映出就業市場極度緊張、人才極度短缺。雇主為了爭取人才,往往必須提供更高薪資或額外補貼;而當員工收入提高,消費力增強時,也可能進一步推高通膨壓力。

## 通膨指數持續下降,經濟狀況屬於軟著陸

會議紀錄中寫道:「通貨膨脹率正朝著委員會2%的目標進一步邁進,但仍然偏高。」美國CPI(消費者物價指數)已從8月的2.9%降至9月的2.5%,雖然仍未達到2%目標,但已顯現下降趨勢。一般而言,CPI超過3%表明存在通膨現象,低於1%則趨向通縮。

在此之前的一年內,美國CPI均維持在3%以上,直至8月才跌破此關口,9月更進一步降至2.5%。若CPI持續

降至美國政府預期的 2％，則屬合理情況；但若進一步跌破 2％，則市場可能面臨崩盤風險，因為又將出平市場預期。

所以想知道未來市場是否樂觀，就要觀察隔月的 CPI 會不會繼續下降，如果繼續下降，那市場就是遇到了「硬著陸」，也就是「經濟衰退」。所幸美國當時的經濟狀況是「軟著陸」，而不是瞬間崩盤。

之後 3 個月的 CPI 數據則是關鍵，如果一直在 2％以上，或維持在 2.5％左右，那就一切安全，若之後每個月數據都往下掉，那市場就會大量將手上的商品拋出變現。

因此，在此情況下，請牢記「現金為王」的原則。不論你手中持有的是股票、黃金或比特幣，都應考慮轉換成法定貨幣。雖然這種情況發生的機率可能較低（最多約 10％），但我們在投資時必須為各種可能性做好最壞打算，並朝著最佳方向努力。

## CPI 跌破 3％難再回，聯準會看似戰勝通膨？

對於如此龐大的美國經濟體而言，要讓 CPI 再次回升至 3％以上並非易事，因為任何趨勢都有其延續性。除非

出現重大的變故（例如美國總統大選這類具規模的政治事件），否則趨勢一般難以逆轉。

即使趨勢發生變化，也不可能立刻反映在各項經濟數據上，如非農就業、失業率與 CPI 等；除非像 2022 年因疫情封城導致經濟活動急劇收縮，否則數據轉變需要一段時間。

當時，各大財經媒體普遍認為美國 CPI 不會降至 2％ 以下，儘管經濟衰退的風險始終存在，但討論的焦點主要集中在通膨壓力的解除上，顯示經濟狀況已回落至正常區間。理論上，聯準會與鮑威爾當時可謂已戰勝了通貨膨脹，只是尚未敢正式宣布勝利。

因為聯準會理想中的 CPI 應落在 2％ 至 2.5％ 之間，並需持續觀察一年，確認通膨不再回升，方能恢復正常利率水平。如果鮑威爾能實現這一目標，那將成為他任內一項驚人的成就。

回顧 1970 年代，美國曾被通膨困擾長達 10 年，當時利率高達 20％ 以上，導致貸款者難以承受，高額利息使投資市場一片愁雲慘霧。鮑威爾出身法政，與近年來多位經濟學家出身的主席不同，他來自華爾街，當初上任時曾遭質疑，如今能夠有效抑制通膨，確實出乎許多人的意料。

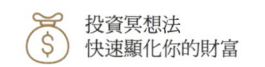

## 美國 CPI 變化圖解析

圖表 5-1 是 1990 年至 2024 年美國 CPI 的變化圖。CPI 作為反映美國經濟活動的重要指標，其變動情況值得我們深入研究和參考，因為這些數據不僅揭示了通膨走向，同時也是判斷整體經濟狀況的重要依據。

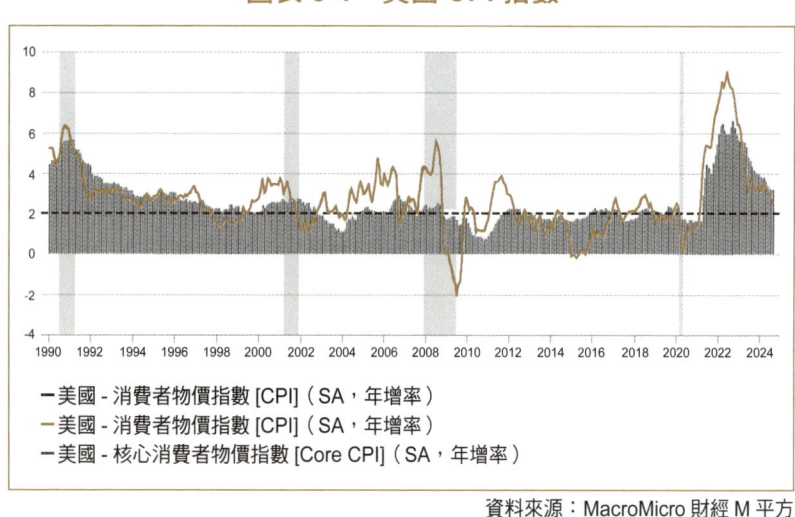

**圖表 5-1　美國 CPI 指數**

- 美國 - 消費者物價指數 [CPI]（SA，年增率）
- 美國 - 消費者物價指數 [CPI]（SA，年增率）
- 美國 - 核心消費者物價指數 [Core CPI]（SA，年增率）

資料來源：MacroMicro 財經 M 平方

圖中的 CPI 指數在 2008 年跌至最低點，是因為當時爆發了金融海嘯，甚至指數一度跌入負數；而 2020 年的低點

則因新冠疫情影響，但仍勉強維持在正數區間。圖中的虛線代表的是聯準會希望達到的 2％目標。

2023 年，通膨率曾一度飆升至最高 9％，之後開始逐步下跌；但如果通膨率持續下滑，跌破虛線所代表的 2％，那就意味著經濟狀況將大為不妙。

與美國的 CPI 變化圖相比，台灣的 CPI 變化圖則顯得不那麼準確，因為數據經過大量調整和美化，通常維持在 2.5％或 2.6％左右。雖然台灣的物價水準並不像美國那樣誇張，例如：2023 年 11 月，我去洛杉磯機場轉機時，簡單點了一個潛艇堡、生菜沙拉、兩片餅乾就要 55 美元，甚至一瓶礦泉水也要 5 美元──但台灣的數據卻始終保持在較低水平。

## 聯準會的兩大重點：就業與物價穩定

我鼓勵大家從事外匯投資，正是因為聯準會的公開發言具有極高的公信力。舉例來說，加密貨幣市場的操作往往依賴小道消息，若無官方正式發言作為保證，消息就容易產生誤判風險；而聯準會的公開發言，無論是用詞、標點甚至語

氣,都充滿深意。每當聯準會發言時,往往都能在市場上引起波瀾,其後續餘波也會持續影響市場走向,這種可預測的起伏正是讓你在外匯市場中穩定賺錢的關鍵。

例如,聯準會在其公開聲明中曾指出:

> 經濟前景不明朗,委員會將關注其雙重任務所面臨的風險。鑑於通貨膨脹與風險平衡方面的進展,委員會決定將聯邦基金利率區間目標下調0.5個百分點,至4.75%至5%;在考慮進一步調整聯邦基準利率目標區間時,委員會將仔細評估未來數據、變化中的前景及風險平衡。委員會將持續減少持有的國債、機構債及機構抵押貸款支持證券,並堅定致力於支持最大限度的就業。

文中的「雙重任務」指的是「就業」與「物價」這兩個核心指標,這也是美國聯準會主要的工作重點。這兩者彼此相互影響:目前物價指數雖然在下滑,但失業率卻呈上升趨勢,因此聯準會目前更關注美國的就業狀況。其他紀錄內容與上個月大致相同,這裡就不再贅述。

# 總體經濟分析 ❷
# 關注聯準會主席的發言

聯準會主席在公布利率政策的記者會上所發表的言論，往往引起各界高度關注。以 2024 年 9 月 18 日聯準會利率決策會議後召開的記者會為例，我們可以觀察到主席鮑威爾如何發表演說、回覆記者提問，以及其言辭中暗藏的玄機。

聯準會自此次會議開始進入降息週期，將聯邦基金利率下調 50 個基點，降至 4.75％～5％。以下是我與團隊經過深入研究與討論後，挑選出的記者會重點發言：

「今天聯準會減少了政策收緊的幅度。」

「我們今天的決定反映了對勞動市場強勁表現持續的信心。勞動市場已較之前過熱狀態有所降溫。」

「第二季住房業投資回落。」

「我們的預測顯示,預計GDP成長將保持穩健。」*

另外,鮑威爾還提到:

「聯準會可以透過政策調整來維持勞動市場的強勁。指標顯示當前勞動市場的緊張程度低於疫情爆發前的水平。」

「通膨已顯著緩解,但仍高於我們的目標。」

「失業率上升,但仍處於低點。」

目前來看,4.2%至4.3%的失業率都屬於較低水平;事實上,4.5%以內的失業率均可視為正常。如果失業率攀升至4.5%～5%,便會帶來一定的壓力,若超過5%則顯得過高。

鮑威爾進一步表示:

---

* GDP代表美國的經濟成長率,保持穩健成長正是美國認為經濟未出現衰退的重要依據。

「長期通膨預期似乎保持穩定。」

「我們的主要關注點一直在於降低通膨,因為通膨高企已給民眾帶來顯著困難。限制性貨幣政策有助於恢復供需平衡,我們耐心的策略已獲得回報,目前通膨水準更接近我們的目標。」

「通膨的上行風險已減弱,而勞動市場的下行風險則上升。」(失業率可能會進一步上升。)

## 雖然降息,但不表示會持續降息

鮑威爾在發言中強調:

「我們關注與雙重使命(即就業與物價穩定)相關的兩面風險。」

「在風險平衡的考慮下,我們今天將利率下調50個基點。我們並沒有設定任何固定的利率路徑,而是將在每次會議上根據最新數據進行決策。」

「我們的經濟預測並不是一個既定計畫或決定。」

「如果經濟保持穩健且通膨持續頑固,我們可能會更緩慢地調整政策。」

「隨著經濟狀況的發展,貨幣政策將進行相應調整,以更好地實現我們的目標;如果勞動市場惡化,我們也會採取相應對策。」

換句話說,聯準會仍會根據最新的經濟數據保持彈性,而非降息後一路走低。鮑威爾還補充說:

「基準修訂顯示就業人數可能會被下調。」
「我們正在重新調整我們的政策立場。」
「我們的經濟預測中並無跡象顯示我們急於採取行動。」

這意味著,儘管目前高利率政策(介於 5.25 % 到 5.5 %)已開始出現鬆動,但此次降息 2 碼不代表聯準會急於未來採取進一步行動。事實上,他強調:

「聯準會的經濟預測是基線預測;我們實際採取的行動將根據經濟發展情況而定。」

「如果情況合適，我們可以加快或放慢降息步伐，甚至選擇暫停降息。此次降息 50 個基點並不意味著我們會急於後續動作。」

聯準會一向保持政策的彈性，每一句發言都經過深思熟慮、字斟句酌，既讓人無可挑剔，也向市場傳遞出一個明確訊息：他們不會無止境地降息，若通膨再度回升，政策也會迅速調整。

## 失業率接近 4% 的充分就業水準

鮑威爾提到：

「勞動市場狀況已經降溫，但目前的水準與充分就業相差不遠。各項指標均顯示，勞動市場仍接近充分就業水平。」

這裡所指的充分就業，大約是接近 4% 的失業率，但投資人仍需密切關注勞動市場動態。鮑威爾進一步表示：

「零售銷售數據和第二季 GDP 顯示,經濟正在以穩健的速度成長。」

「我們並未觀察到失業救濟申請或裁員的顯著增加。」

因此,記得每週四晚上 8:30 密切關注美國公布的「初請失業救濟金人數」,因為若數字突然暴增,則可能意味著失業率將上升;例如,2024 年 9 月的失業人數為 21 萬人,若隨後增至 25 萬或 26 萬人,則可能預示著經濟衰退的前兆。

鮑威爾還提到:

「我們從商業聯繫中並未見到裁員增加的現象。我們並不是在等待勞動市場放緩,而是在其強勁時期提供支持。」

「我們不打算等到裁員明顯增加後才介入。」

「我們認為,為了將通膨率降至 2%,無需進一步使勞動市場放緩。」

「失業率仍處於健康水準;勞動市場參與率良好,職缺仍然強勁;辭職率也已回落至正常水平。」

此外，鮑威爾指出：

「就業市場面臨的下行風險增加。」
「移民增加是導致失業率上升的因素之一。」

過去美國的失業率一直在 3.5％至 3.8％之間，創下 50 年來的低點，導致長期缺工；隨後大量移民填補了這一缺口，但隨著勞動力充足，就業市場對人力需求下降，失業率也逐步上升。正因如此，鮑威爾特別強調：「職缺的進一步減少將直接轉化為失業率的上升。」這也是聯準會非常重視的一個數據。雖然金十數據只給了它兩顆星的重要性，但我認為應該給到五顆星，這句話可說是重點中的重點。其實，只要觀察鮑威爾的發言，就可以摸索出聯準會的思路邏輯，他們注意什麼數據，投資人就要看重什麼數據，才能在第一時間做對投資。他還提到：

「失業率上升同樣是由招聘放緩所致。中性利率可能顯著高於疫情前水平。」

在新冠疫情期間，美國先後實施了三輪量化寬鬆

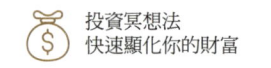

（QE）和兩次扭轉操作（OT），使 CPI 平均保持在 2% 以下；而疫情前的水平則高於 2%。

## 通貨膨脹因新冠疫情結束而漸趨緩

鮑威爾回顧指出，2013 年至 2016 年期間，美國 CPI 一直低於 2%，當時全世界對此原因眾說紛紜，即便採用了三輪 QE、大量補助甚至瘋狂印鈔，但經濟卻難以提振。直到 2023 年，經濟才逐漸回暖，顯示原來問題在於投資的資金仍不足。

2020 年 3 月，美國 CPI 一度降至 0，政府隨即推出無限量 QE，俗稱「直升機印鈔票」，大量印鈔後，終於滿足了市場需求。當時各國封港、船運中斷，供給無法滿足需求，卻有大量現金流入，導致物價飆升，從而使後續通膨指數一路上揚。

在談及選舉議題時，鮑威爾表示：

「聯準會的決策完全基於對美國人民的服務，我們的決策從來不涉及政治或其他任何事項。」

事實上，當聯準會在 9 月降息時，川普極為不滿，認為這是為執政黨釋放大利多；而前總統拜登的民調不佳，部分原因在於其經濟政策失誤，物價居高不下，使國內民眾苦不堪言。聯準會的降息在一定程度上緩解了這一問題，因此川普認為這是在為拜登政府保駕護航。然而，我認為若真出於政治考量，聯準會絕不會在選前做出如此大動作。既然他們在 9 月降息，就表示是基於經濟基本面需要，而與誰主政無關。

2024 年 11 月 7 日，美國總統大選確定川普勝出，將出任第 47 任美國總統。2025 年 1 月 20 日，川普上任後不斷公開發言，表明他最想換掉鮑威爾。而鮑威爾在記者會面對媒體提問時回應道：「如果川普要求我提前辭職，我不會答應。」他並強調，解雇聯準會七位理事中的任何一位都是法律所不允許的，這正是對聯準會獨立性的一項堅定宣示。

我常說：「**技術服務經濟（金錢），經濟服務政治（權力）；技術是最底層的。**」而我們所學的總經分析正是這項技術，**投資人必須深入理解政經現況及其關係，才能乘勢操作、穩健獲利。**

> 投資冥想法
> 快速顯化你的財富

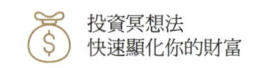

## 房屋租金讓通貨膨脹率難以降至 2%

鮑威爾指出：

>「房屋通膨是拖累經濟的一部分。租金雖正朝我們希望的方向發展，但下降幅度未如預期般明顯，且需要時間傳導到各方面。」

這段發言的重要性極高，因為 CPI 包含多項評分項目，而房屋租金正是其中關鍵之一。聯準會認為，正是房屋租金拖住了通膨率無法降至 2% 的進程。進一步，他提到：

>「房屋市場在一定程度上，會因利率上升而陷入停滯。」
>「降息對房地產市場的影響難以預測。」
>「隨著利率下降，人們將可能出售更多房屋；只要租金價格能維持在可控範圍內，我們就有望將通膨率降至 2%。」

這也是十分重要的觀察。美國房地產因降息而行情看

好,而台灣方面則實施嚴厲的打房措施。記得 2024 年 9 月,我與房仲黎先生交流時得知,當時他們的業績僅剩去年同期的兩成。那次打房主要針對投機客,但一般購屋者也受到影響,許多人簽訂買房合約後卻借不到房貸,困境重重。

## 盯緊各項數據,才能保本又賺錢

鮑威爾表示:

「如果當時(7 月議息會議時)公布就業數據,我們很可能在 7 月就會降息。」

聯準會認為目前降息步伐不會太急。一般而言,非農就業數據連續兩個月低於 15 萬才會引發降息動作,而 8 月公布的非農數據僅為 11 萬,這正是促使聯準會降息的主要原因。因此,鮑威爾接著說:

「如果官員早知道失業率將上升,聯準會很可能在七月就會降息。」

接下來，投資人應密切關注每週四晚上 8 點半公布的初領失業救濟金人數，以及每月第一週發布的非農就業數據和失業率。建議在這些敏感數據公布前後幾天避免進行投資操作，因為市場波動極可能劇烈，容易出現大幅上漲或下跌，令買賣極為危險。

　　此外，應持續觀察美國 CPI 數據。只要 CPI 維持在 2％到 2.5％之間，就屬於安全範圍；若又回到 3％以上，代表通膨可能再次回歸；但若跌破 2％，情勢將變得十分嚴峻；若進一步跌至 1％以下，即屬通貨緊縮，則另當別論。

　　以上即是針對鮑威爾發言及其背後所隱含經濟訊息的詳細解密。從中可見，聯準會每一句經過精心斟酌的發言，都蘊含著政策方向與市場預期的變動訊號。投資人唯有密切關注這些數據與訊息，才能在瞬息萬變的市場中保本並穩健獲利。

## 22

# 總體經濟分析 ❸
# 日本央行總裁的發言也是焦點

日本曾是僅次於美國的全球第二大經濟體，卻在 2010 年被中國大陸超越、2023 年又被德國超越；根據國際貨幣基金組織（IMF）最新預估，日本可能在 2025 年被印度超越，淪為全球第五大經濟體。

即使如此，日本在世界經濟中依然舉足輕重，其貨幣政策對美元、歐元、亞洲新興市場貨幣，以及全球股市、匯市、債市，乃至美國聯準會與歐洲央行的決策，均產生或大或小的影響。

我以前跟許多人一樣喜歡交易黃金，因為黃金波動大，讓人覺得能賺得不少；但實際上，做黃金交易的人往往無法掌握其波動邏輯，最終反而吃虧。我發現 USD/JPY（美元兌日元）就像外匯市場中的黃金：它既具有黃金般大波動所

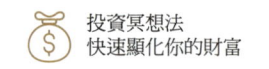

帶來的獲利機會，又具備極高的穩定性。可以說，讓我在短短6天內買房的金主正是日元──只要搞懂日元這一項商品，就有機會邁向財務自由。

我更發現，日元的波動規律與日本民族性有著密不可分的關係。日本人的嚴謹、細心和耐心，正體現在日元的走勢中，這也成為判斷日本央行利率決策的重要依據，進而幫助我們掌握日元的趨勢。

因此，決定日本貨幣政策的日本銀行行長發言，也成為全球金融市場關注的焦點之一。接下來，咱們就以日本銀行總裁植田和男2024年9月20日記者會上的發言為例，一起來探究其談話中隱含的弦外之音。

## 日本經濟回溫，但升息方向不變

前一章對2024年美國經濟狀況的分析，了解後便能回過頭來審視日本的情形。畢竟，當時最能讓投資人賺錢的資產便是「日元」。

繼美國宣布降息之後，日本銀行於9月20日召開貨幣政策會議後，決定維持0.25％的政策利率不變。植田和男當

天在記者會上的公開言論，往往引起市場劇烈波動，因此投資人通常在其發言前後會選擇暫停操作以策安全。

例如，當日 14:31:37，植田在記者會上表示：「日本經濟正在溫和復甦，儘管出現了一些疲軟現象。」「日本經濟面臨不確定性，物價依然很高。」話音剛落，不久後外匯市場上，美元兌日元在 38 分時，便開始上漲（貶值），因為當時市場認為，日本央行不升息代表日元未來將表現疲弱，所以大量買進美元、賣出日元，市場利用日本央行謹慎態度預期日元貶值，**繼續做套利交易**。

請記住，**只要一國央行宣布要升息，其貨幣便會升值；反之，若央行宣布降息，貨幣則可能貶值**。以美國為例，若美國降息，原本能獲得 5.5％ 利息的美元可能因貶值而僅獲 5％，導致投資者將資金轉移至更能提供高收益的工具。

植田和男的發言中提到：「如果我們的經濟和價格前景得以實現，將繼續調整寬鬆政策的力度。」「實際利率仍維持在非常低的水準。」這表明日本未來仍可能朝升息方向前進，只是目前升息態度不明，而這正是日元隨後出現貶值的原因之一。

投資冥想法
快速顯化你的財富

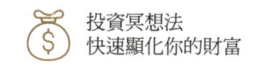

# 升息腳步緩慢，但不會停止

植田進一步表示：「由於近期外匯波動導致價格上行風險有所降低，因此在貨幣政策決策上還有一些時間。通膨超出預期的風險在某種程度上已經減弱。」

日本銀行雖決定開始升息，但速度不會過快。當前政策利率為 0.25%，而其目標是逐步升至 1%，或至少使市場利率達到 0.75%，意味著從 0.25% 到 0.75% 還需調升兩碼。根據 2024 年 9 月的市場判斷，預計到年底之前，日本或將進行兩次升息，可能分別在 11 月或 12 月。

植田還說：「尚無具體行程來確認海外經濟對日本央行前景影響所需的時間，需要密切關注美國經濟是否能實現軟著陸，或面臨更嚴峻的調整。」正如前文所述，美國 CPI 若跌破 2% 將引發巨大風險，而日本經濟的前景同樣受制於美國經濟的表現。

目前，日本政策利率維持在 0.25%，而日本通膨指數大約在 2.5% 左右，兩者落差極大，這使得從 0.25% 升至 1% 的過程備受市場矚目。儘管美國經濟已開始降溫，日本經濟成長腳步也隨之放緩，但日本仍必須逐步向 1% 利率靠攏，只是所需時間可能更長。

植田補充說:「近期數據顯示我們可能能上調對基礎通膨的預期,但海外趨勢帶來了不確定性。」「如果經濟發展符合我們預期,我們將繼續加息的想法不會改變。」他同時指出,美國降息可能導致資金流出美國並湧入亞洲市場,而日本此時若升息,便有望吸引大量外資;但若美國面臨硬著陸,日本央行則可能暫停升息。

此外,植田談到:「尚未能夠縮小對日本中性利率的估計範圍。我們正處於加深對中性利率理解,同時關注加息對經濟影響的階段。」「同時,我們也在關注最新最低工資標準對兼職工人薪資的影響。」美國中性利率約為2%,而日本至今仍未確定,顯示他們仍在摸索適合日本的中性利率。

他最後指出:「我們意識到需要更多努力來改變市場預期,因為政策利率已經從長期的零利率和負利率真正轉向正利率。關於我們對價格前景的看法及實現通膨目標的可能性,進行更頻繁的溝通將是有益的。」

植田的這番談話,既是與市場對話,也反映出部分投資者對日本央行言論存有保留,這也是市場長期以來對日本央行發言持懷疑態度的原因之一。直到2024年7月,日本央行實際升息後,市場才驚覺:「哇!這次是真玩真的。」若

升息再延遲一兩個月,日元兌美元或許會一路貶至 165 日元,而非停留在 161.9 日元附近。

他還強調:「並不一定意味著未來加息步伐應該放緩。如今的 CPI 數據略強於我們不久前的預測。」這句話重點在於表明日本央行積極推動升息的態度。

此外,植田提到:「我們對消費趨勢非常關注,因為強勁消費是服務價格持續上漲的必要條件。關鍵關注點包括服務價格趨勢、下一輪工資談判以及消費支出的復甦。」「我們將關注消費資本支出等需求側數據,以預測產出缺口的變化。」「同時,我們將分析 8 月以來日元走強對價格的影響,是否與之前日元疲軟時對價格的影響相同。」

總之,日本此次升息部分是因為日元匯率一度被推高至 161.9,迫使央行不得不採取果斷措施;否則,日元可能會一路貶至 170 日元。

植田進一步表示:「儘管已進行了兩次加息,但日本的利率可能仍低於中性利率。」並補充:「美國經濟軟著陸是我們主要的情景預測。」

日本央行的預測基本上以美國經濟為模型,但其政策反應卻極為緩慢,可謂落後指標。君不見,美國已經升息至

5.5％兩年多，而日本央行直到 2024 年 7 月才慢吞吞地上調了 1 碼。

事實上，過去 30 年來，日本央行的升息速度一直極為緩慢，最高僅達 0.5％。這反映出他們決策上的謹慎，就如同龐大的恐龍難以翻身一般——當他們終於有所動作時，市場行情往往已接近尾聲準備反轉。

植田說：「內生性、需求驅動的通膨動能正在逐漸上升。我們的立場是不會通過貨幣政策來直接控制外匯匯率。」也就是說，日本央行不會突然採取激進措施一口氣升息至 1％。

他最後補充：「我們希望花一些時間觀察加劇的不確定性如何影響我們的前景，以便在決定下一步政策時作出最佳判斷。」話音剛落，日元就大幅貶值達 3,000 點，因為市場認為日本央行實在太謹慎，先賣出日元賺一波，這真是一個標準的送分題。

## 薪資上漲，走出「失落的 30 年」

植田指出：「我們將分析美國經濟如何影響明年春季

的工資談判。」在日本，薪資是否持續上漲極受關注。由於多數日本企業奉行終身僱用制度，員工進入企業後往往預期會一直留任至退休；但企業通常不輕易調薪，致使依賴固定薪資過活的上班族苦不堪言。2024 年的調薪被視為十幾年來最大幅度的調整，也為日本央行敢於升息提供了信心。

**只要企業調薪，員工薪水上漲後便更有消費動力，而國民消費的提升又能推動物價上漲，這正是日本所期望看到的情景。**自 1990 年經濟泡沫破裂以來，日本一直陷入「失落的 30 年」，在長期通縮的環境中，民眾即便有錢也不敢花；政府曾試圖刺激經濟增長以應對通縮，但日本人普遍持保守消費態度，寧可將錢存入銀行以避免花光，導致經濟活力不足。

因此，日本央行於 2016 年推出負利率政策，要求民眾將錢存入銀行時需支付保管費，試圖迫使銀行存款流入市場，但效果有限。

隨著經濟逐步復甦及通膨壓力增大，日本央行終於在 2024 年結束長達 8 年的負利率政策，將短期利率從 -0.1％ 上調至 0～0.1％，並將逐步向 1％靠攏。

這與美國的經濟狀況截然不同：日本人向來謹慎，而美國人則較為大大咧咧，敢一次性降息 2 碼。由此可見，一個

國家的經濟走向與其民族性息息相關。

以上即為植田和男在記者會上所發表的重點內容及其背後隱藏的市場訊息。從中我們可以看出，日本央行儘管在現階段維持低利率，但未來隨著日本經濟復甦及通膨動能回升，升息步伐將逐步加快，這對日元及全球市場都具有重要影響。**投資人須密切關注相關數據與政策走向，才能在市場變動中做出明智決策。**

投資冥想法
快速顯化你的財富

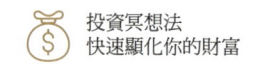

# 23

## 總體經濟分析 ❹
## 日本媒體評論劃重點

在 2024 年 9 月 20 日本央行公布貨幣政策之前，日本各界就已對此作出預測；而公布後，媒體也紛紛對升息政策發表了各自的觀點。現在，就讓我們一起劃出重點，看看當時日本媒體如何評價這一升息政策，以及對日本前景做出的判斷。

## 外匯市場調查與日元預測

在日本央行繼續推動升息政策發表前，一份《9 月份外匯市場月度調查》指出：

「美國年終政策利率水平方面，43% 的受訪者預測為 4.50% 至 4.75%，其次有 33% 的受訪者預測為 4.75% 至 5.00%。一位銀行人士表示：『國內外利差預計將逐步縮小，日元對美元和歐元的匯率可能保持強勢。』」

調查結果進一步顯示：

「預測 2025 年 2 月底日元兌 1 美元的匯率平均為 140.52 日元，中位數為 140 日元。調查時，日元匯率徘徊在 141 至 143 日元之間，市場對日元升值的擔憂十分強烈。預測中，日元升值幅度最大的預測為 128 日元，而也有預測為 155 日元。」

這裡提到，早前日元大幅下跌主要源於套利交易平倉：許多投資人借入低息日元，轉而以較高利息的美元進行定存套利，當時兩國之間存在約 5% 的利差。

隨著美國降息、日本升息，兩者之間的利差迅速縮小，這種套利交易就失去了吸引力；而若美元與日元之間的利差進一步縮小，日元自然會出現升值趨勢。

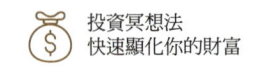

## 美元兌日元上漲代表升值，以反彈做空為主

在植田和男記者會結束後，《日本經濟新聞》對 9 月 20 日公布的貨幣政策會議進行了匯整，報導中指出：

「18 日，聯準會決定四年半以來首次降息 0.5%，是平時利率的兩倍。對於美國經濟軟著陸的前景，『上田知事』（即植田和男）表示：『我仍然認為這是主要情景，但風險有所增加，原因在於，雖然美國消費者支出強勁，但勞動市場顯示出疲軟跡象。』」

他進一步強調：「現在前景更加確定，我們不會立即加息。」並補充說，加息並無固定步伐和時間，「一旦我們確定已獲得足夠信息，就別無選擇，只能繼續下一步。」他重申：所有決策均取決於數據。

此外，針對美國經濟的進一步提問，植田和男回答道：「簡單來說，我們仍將軟著陸視為主要情景。」他同時補充說：「自 8 月以來，美國經濟數據略顯疲弱，風險有所增加，我們需要觀察究竟是走向軟著陸，還是需要進一

步調整。」

　　由於日本央行當前不急於加息，日元對美元匯率當時維持在 140 日元以上。但投資者別忘了，日本央行長期政策是朝著升息方向發展，這意味著日元最終仍將升值走強（美元兌日元下跌）。如果你預見某貨幣未來有升值潛力，自然應盡早布局；但由於難以精準把握升值時機，因此在日元上漲升值時，主要可以採取反彈做空策略。

　　當然，這種情況可能隨市場變化而調整，因此投資者應從日本央行的官方聲明或官員公開記錄中尋找具有公信力的蛛絲馬跡，而非僅憑私下言論做出投資決策。

## 不畏股市下跌，日本央行升息政策不變

　　另一篇媒體文章指出：「即使美國降息，政府仍將繼續升息。日本央行可能會冒險進入過去四分之一世紀以來前所未有的領域。」也就是說，就算美國降息，但若經濟數據沒有出現明顯差異，日本央行仍會堅持升息。文章中還寫道：

「在美國降息階段升息會增加市場波動風險，例如日元走強，這是自 1998 年頒布現行日本央行法案以來未曾出現的情況。該法案賦予日本央行『自主權』。」

「此次升息固然可行，但風險亦存在。由於美國經濟惡化及聯準會相應措施的影響，日本央行的貨幣政策自主性下降。『詛咒』的歷史能否順利結束，也引起了市場關注。」

報導還指出，日元與美元通常應同步升降，但此次美元上漲時日元卻不見明顯變化，而美元下跌時日元卻開始上升，這是一個前所未有且相當詭異的現象。

同一篇文章標題為「日本央行的升息在美國開始降息前結束」的一段指出：「回顧過去 25 年，日本央行於 2006 年 7 月至 2007 年 2 月期間完成了升息，而當時美國尚未進入降息階段。由此看出，日本的升息階段往往在美國開始降息之前結束。」

文章還引用了瑞穗研究與技術公司執行經濟學家、前日本央行官員門間一夫的觀點：「如果美國經濟軟著陸，利率將逐步下降至中性利率（即既不刺激經濟也不過度抑

制經濟的水平），屆時購買日元的壓力將受到限制，日本央行將有可能提高利率。」

此外，文章也提到，美國經濟前景不穩，如果失業率從近期的 4.2% 上升至 4.3%，市場可能變得不穩定，實體經濟或將受到不利影響；若聯準會持續大幅降息，可能對日元帶來貶值壓力。

再者，日本若升息，將使貸款成本上升，通常會壓低日股走勢。相比之下，台灣升息時台股未見下跌、美國升息時美股依然創新高，這主要因為中國市場進入通貨緊縮階段，外資大規模撤出後資金尋求他國投資，因此即使美國或台灣升息，外資仍會流入這兩國股市；總比把錢存進銀行，被通膨侵蝕好。儘管如此，即使日本股市因升息而大跌，日本央行仍不會停止升息步伐。

## 記者的提問反映出國民最在乎薪資問題

在植田和男於 2025 年春季薪資上漲新聞發布會的摘要中，與記者的提問和回答揭示了日本國民最在乎的經濟重點：

問：決定升息的重要指標有哪些？

答：關鍵在於觀察秋季起工資是否持續上漲、最低工資上調對市場的影響，以及工資增長是否能傳導至服務價格。同時，我也十分關注明年春季工會薪資談判的進展與未來消費前景。

問：您為何上調個人消費前景？

答：因為消費活動指數開始回升，薪資穩定上漲，整體收入環境持續改善。儘管經濟發展基本符合預測，但美國經濟前景的不確定性迫使我們做出權衡。

問：工資上漲的勢頭會持續嗎？

答：從名目工資走勢來看，我們預期工資增速較快，這反映了春季工會談判的成果；去年強勁的表現後，家庭獎金亦有所增加。勞動市場上，勞動供給補充空間有限，勞動力短缺感日益加劇，因此預計明年春季工會薪資將持續穩定上漲。同時，我們也在密切觀察海外經濟趨勢的影響。

問：確定薪資上漲的標準是什麼？

答：我非常關注 10 月份服務價格調整對薪資趨勢的影響；隨著最低工資上調，我們亦重視兼職薪資對整體薪資水平的影響。

問：什麼是「時間津貼」？

答：這並非指具體的時間長度，而是指例如比較 3 月至 7 月這段期間內政策變化的頻率。隨著未來不確定性增加，我們希望花更多時間觀察前景的變化。

從這些問答中可以看出，日本記者反覆強調國民薪資問題，而美國記者則較少提及薪資，更多聚焦於物價和就業問題；日本媒體甚至對兼職薪資也非常重視。因此，若有相關數據出現，投資人也應密切留意。

此外，日本金融市場相當有趣：政府公布重要數據後，市場通常不會立即劇烈反應，而是要等到官員開始發言時，才會引發市場波動。這與美國數據一公布，股市即刻上漲下跌的情形截然不同，也體現了日元與美元市場之間的差異。

以上即為當時日本媒體對升息政策的重點評論與觀察。從中我們可以看出，市場對於日元走向、外匯利差變化及薪資調整等指標均保持高度關注；投資人唯有從日本央行官方聲明與公開談話中，捕捉到具有公信力的蛛絲馬跡，才能在國際市場中做出正確判斷。

# 24

## 總體經濟分析 ❺
## 美國降息、日本升息的操作法

美國聯準會每季（即每年的 3、6、9、12 月）均會公布利率點陣圖，如圖表 5-2：

**圖表 5-2　2024 年聯準會 9 月利率點陣圖**

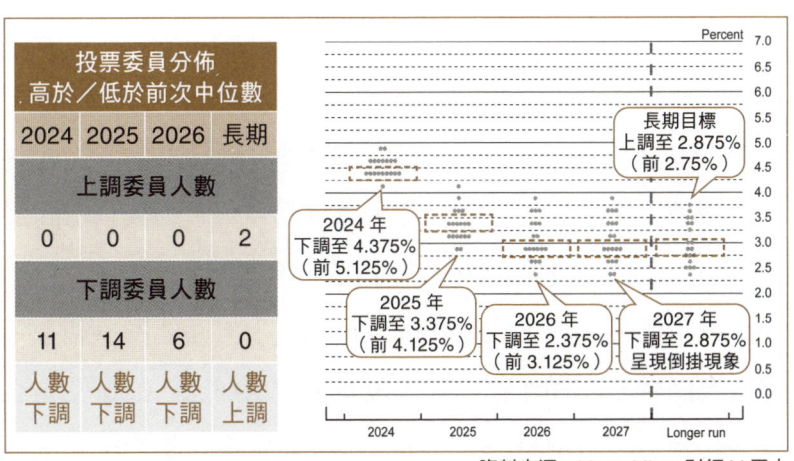

| 投票委員分佈 高於／低於前次中位數 ||||
|---|---|---|---|
| 2024 | 2025 | 2026 | 長期 |
| 上調委員人數 ||||
| 0 | 0 | 2 | 2 |
| 下調委員人數 ||||
| 11 | 14 | 6 | 0 |
| 人數下調 | 人數下調 | 人數下調 | 人數上調 |

- 長期目標上調至 2.875%（前 2.75%）
- 2024 年下調至 4.375%（前 5.125%）
- 2025 年下調至 3.375%（前 4.125%）
- 2026 年下調至 2.375%（前 3.125%）
- 2027 年下調至 2.875% 呈現倒掛現象

資料來源：MacroMicro 財經 M 平方

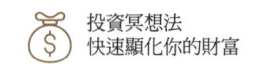

所有具有投票權的委員均可依據個人判斷預測未來利率走向。根據點陣圖，2024 年的利率從 5.125% 下調到 4.375%，2025 年預計下調至 3.375%，2026 年則降至 2.875%，從 2024 年至 2026 年大約會下調 8 碼左右。

從這張圖可以看出，到 2026 年時，美國的利率預計將從 2024 年的 5.5% 降到約 2.5%。因此，即使日本不升息，若以借取利率 0.25% 的日元再加上各項手續費計算，總利息大約只有 1%，而與美金的 2.5% 利息僅相差 1.5%（扣除交易成本後幾乎沒有套利空間）。換句話說，未來如果借日元存美金，其利潤最多僅能打平，你忙了一大半天卻難以獲利，難道這是在做徒勞無功的投資嗎？

## 日元做多比做空安全有利

隨著美國降息、日本升息，借日元存美金的套利空間逐漸消失；然而，外匯保證金操作仍有許多操作空間。

以我個人而言，我偏好做多日元，一方面能獲得利息，另一方面做多的操作更安全。**做多能賺取利息，而做空則必須支付利息，且利息成本不低**。因此，當操作做空時，策略

必須有所調整，能盡量避免留倉，尤其是週三時千萬不要留倉。

通常，若在週五留倉，則加上週六和週日，隔夜利息共計 3 天；但外匯市場有一個潛規則，往往將週五的留倉日視為週三。以往我很喜歡在週三留倉做多日元，不僅可以收取高達 3 倍的利息，我曾在 6 天內僅靠利息就賺到 8,800 美元，回想起來真是讓人笑逐顏開。

反之，如果你做空，即使賺了 1 萬美元，也可能要支付高達 8,800 美元的利息，實際獲利僅剩 1,200 美元，這樣的操作讓人十分鬱悶。此外，目前留空單所需支付的利息較留多單低（隔夜利息將隨利率調整）——例如，留一手空單一晚需支付 16 美元，而留一手多單最多給 13 美元——因此，**除非別無選擇，千萬不要輕易做空隔夜留倉。**

## 很好用的投資操作風險指標：JNK

在 2024 年，我發現一個在外匯保證金操作中非常好用的指標，稱為 JNK（彭博巴克萊短期高收益債 ETF，即 SPDR Bloomberg Barclays High Yield Bond ETF）。這檔

## 投資冥想法
### 快速顯化你的財富

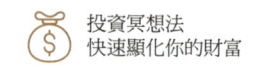

ETF 由美國 SPDR（State Street Global Advisors，道富環球顧問）於 2007 年發行。

通常，高收益債券又被稱為「垃圾債券」，指信用評等低於 BB、B、CCC 及以下的債券，這類債券風險高，但同時也提供了高收益。

例如，Google、臉書、微軟等大型企業發行的債券因風險極低，多數被評為 A 級；而政治經濟環境較為動盪的國家（如南美的巴西、厄瓜多）或營收不穩、規模較小的新創企業，其發行的債券通常屬於高收益債。

目前，美國國債的殖利率僅約 3% 多一點，而高收益債券的利息可達 15%，如此高的利率當然吸引人，但若不注意，可能只會拿到配息而忽略了匯率風險。例如，台灣投資人常喜歡購買南非幣，因為其年利率約 15% 至 18%，但南非政治和經濟不穩，幣值波動劇烈，往往賺取利息之餘卻因匯差虧損。

2024 年 8 月初，全球股市大跌後，JNK 僅用了三天就回漲並創下新高，顯示市場上喜歡冒險的投資人眾多，市場未明顯感受到下跌危機。因此，**我們可以將 JNK 視為一種大跌階段何時止跌的風險指標：**

- 當 JNK 持續創新高時，表示市場上願意冒險的人多，市場下跌風險不大。
- 若 JNK 大幅下跌，則可能意味著市場真正在大跌，這時候應該格外謹慎。

例如，當台股與美股僅在小幅震盪時，若 JNK 卻創新高，則表示市場上漲概率更大，因其交易量大，也成為一種領先指標，類似於台灣成交量最大的 ETF（0050）亦常被作為參考指標。

總的來說，JNK 屬於標準的「賭徒」基金，這群極具激進精神的投資者若都敢追漲，我們不妨跟進，因為他們投入的成本極高；只要在他們之後留心市場動態，也許能賺上一筆。

## 掌握市場利率變動的金融祕技：OIS

當投資人預測利率變化時，通常會關注央行發言、經濟數據，甚至市場反應。但其實，市場早已透過 OIS（隔夜指數掉期，Overnight Index Swap）反映出升息或降息的預期。

OIS 是金融市場中的隱藏關鍵,能幫投資人預測利率走勢,甚至影響股市、債市與外匯市場。帶你快速了解 OIS 是什麼、如何運作,以及如何利用它來提升投資決策。

由於 OIS 直接反映市場對未來短期利率的預期,因此它能成為預測央行政策變動的領先指標。當 OIS 發生變動時,代表市場已提前做出反應:

- **OIS 上升→市場預期央行可能升息,資金成本增加。**
- **OIS 下降→市場預期央行可能降息,資金成本降低。**

以一個簡單的例子說明,假設你是一位早餐店老闆,向銀行借款 1,000 萬元,但利率每天浮動,讓你擔心未來利率上升,導致融資成本增加。另一方面,銀行擔心利率下降會影響收益。於是,雙方決定透過 OIS 合約對沖風險,合約內容如下:

- 老闆支付固定利率 2% 給銀行,鎖定借貸成本,避免市場波動影響。

- 銀行支付市場浮動利率（例如 SOFR*）給老闆，與實際利率掛鉤。

可能有兩種結果：

1. 若隔夜利率上升至 3％，銀行需額外支付 1％給老闆（老闆因此賺取利差）。
2. 若隔夜利率下降至 1％，老闆則需額外支付 1％給銀行（銀行因此獲利）。

這種安排讓早餐店老闆鎖定了成本，而銀行則能藉由 OIS 合約管理自身收益。如果你想觀察日本央行是否會升息，也可以利用 OIS 指標來判斷。

例如，2025 年 1 月 14 日，日本央行副行長冰見野良三曾暗示應適度升息，當天 OIS 指標從 41％ 飆升到 60％。隔天，央行行長植田和男表示將於 2025 年 1 月 23 日理事會議討論是否升息，OIS 再次上升至 74％。到了 2025 年 1 月 21

---

* SOFR（Secured Overnight Financing Rate）是銀行以美國國債作為抵押，隔夜借款所適用的利率，並被廣泛用作短期利率的市場基準。

> 投資冥想法
> 快速顯化你的財富

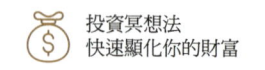

日,OIS 已升至 91%,市場幾乎篤定日本央行會升息。最終,2025 年 1 月 23 日日本央行宣布升息至 0.5%,完全符合 OIS 預測!

這個案例顯示,**OIS 能領先市場反映央行決策方向,對投資人來說是一個強而有力的工具**。無論是企業管理資金成本,還是投資人判斷市場趨勢,OIS 都是不可忽視的金融祕技。透過關注 OIS,你能更快速掌握央行政策方向,使財務決策更精準,提前布局投資與避險策略。

## 日元的有趣規律

日本央行最重視的目標在於使經濟形成正向循環,主要透過調漲工資、帶動消費、促進經濟成長,進而維持穩步升息,推動日元升值。每年春季的勞資薪資談判成為驅動經濟循環的第一步。由於日本長期經濟成長停滯、通貨緊縮,工資多年未見調整;自 2022 年起,疫情過後經濟逐漸復甦,2023 年企業開始逐步調漲工資,2024 年更大幅調整了 5%,創近年來最大漲幅,也成為日本央行在 2024 年 7 月 31 日升息的主要原因之一。

另一個主因則是日元貶值至 161.9，導致日本進口物價大幅上漲，帶動通膨攀升，削弱日本國民的消費意願，嚴重影響日本央行所追求的經濟正向循環。為扭轉日元貶值走勢，日本央行採取了無預警的升息策略，進而引發全球股市震盪。

目前觀察日元有一個有趣的規律：若市場想「逼迫」日本央行升息，就會讓美元兌日元貶值至 160 以上。日本央行對美元兌日元在 160 以內的貶值仍可接受，但超過 160 便可能透過升息來推動日元升值；若日元升至 150 以下，則代表日本央行可暫時忽略匯率因素，專心關注經濟正向循環。由此推測，日元在 140～160 之間可能震盪一段時間，直到總體經濟因素出現變化，才會突破或跌破上述區間，展開新一波趨勢。

從日元本身的角度來看，日本央行預期未來經濟將持續成長，並將維持升息步調，對日元的長期升值提供動能。然而，如果將川普因素納入考量，情勢會更複雜，下列幾點值得特別關注：

- 川普的全球平等關稅政策對美國與日本的影響有多大？

- 川普偏好弱勢美元，可能進一步推動日元升值。
- 美聯儲的利率政策 是否會因美國通膨回升而轉向升息循環，也是必須持續觀察的重點。
- 觀察美元與日元的利差 是否擴大或縮小。

以上建議可作為讀者未來「看戲」的重點追蹤，隨時留意市場變化，以便因應可能的波動與機會。

## 切勿貪多求快，做自己最有把握的操作即可

在各項數據和日本央行政策未改變前，美元兌日元最佳策略是在市場反彈時找尋空點。

若選擇做空，其操作難度遠高於做多，因為 K 棒反彈速度往往極快，手腳跟不上就可能賠錢。若無足夠把握，這段敏感時期最好暫不做空。

如果一時無法做空，也不必急躁，未來仍有許多做空機會。關鍵在於只做自己最有把握的部分，只吃最有把握的一段。若賣出後價格再下跌，也不要氣餒，下一次再來，調整好心態，逐步累積，最終小利也能積少成多，累積成大賺。

前述就是美國降息、日本升息背景下的投資操作法總結。關鍵在於：

- 若要留倉，優先選擇做多日元，因為做多留倉可賺取利息，而做空留倉則需要支付高額利息。追蹤日本銀行的 OIS，判斷日本央行是否升息的重要指標。
- 留意 JNK 等風險指標，作為判斷股市崩盤後市場是否回穩的參考。
- 切勿貪多求快，分段操作、專注於自己最有把握的一段即可。

只要謹慎操作、持續觀察市場數據，相信小利的累積最終能轉化為大賺，讓你的投資之路更為順暢。

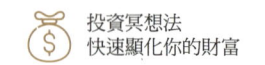

## 25

### 總體經濟分析 ❻
# 川普重建新秩序，須隨時關注

　　川普確定當選當日，美國道瓊指數大漲超過 1500 點慶祝，比特幣也首次突破 10 萬美元大關，展現金融市場對川普回歸的歡迎。2025 年 1 月 20 日，川普就任第 47 任美國總統——這是他第二次重返白宮，就職當天便簽署超過百份行政命令，表達出「讓美國再次偉大」的堅定決心。

　　經歷與拜登的競爭失利後，川普 2.0 重新蓄積政治能量，以壓倒性勝利打敗賀錦麗，並在參眾兩院取得多數席位，徹底擺脫了第一任期在國會投票時執行政治意志受限的窘境。他強行通過任命一些即使帶有爭議或醜聞的官員，如國防部長赫塞斯等，充分展現出川普的強大政治能量，並開始改變二戰後全球運作的遊戲規則。

　　川普將美國總統角色從傳統政治人物轉型為類董事會

主席,將美國視作一家企業經營,並以「美國優先」為核心對外出招,確保全球政策符合美國利益;對內則由馬斯克領導的政府效率部門(DOGE)大幅縮減冗員,降低龐大的國債。這些舉措正是企業整頓的標準手法,與全球各國傳統領袖大相逕庭,未來全球將以川普為中心,重建一個以美國為主導的新秩序。

川普自稱「關稅人」,在 2025 年 2 月 4 日對加拿大與墨西哥加徵 25% 關稅。在與加拿大總理和墨西哥總統分別通話後,他感受到對方的誠意,願意共同打擊芬太尼流入美國,故而決定暫緩一個月實施該政策。

當下美元指數因市場拋售而大跌。美元大跌的背後原因在於,加徵關稅政策會推高美國物價,引發通膨上升,此時美國聯準會必須調整貨幣政策,從降息循環轉為延後降息;若通膨再次回升,可能轉而升息,對美元構成利多。反之,延後實施關稅政策則維持降息政策,對美元則被視為利空,從而導致美元大幅下跌。

> 投資冥想法
> 快速顯化你的財富

# 美國關稅政策的養、套、殺

根據彭博新聞報導，互惠關稅在貿易中指雙方為確保公平而採取的措施。自 1934 年《互惠貿易協定法》（The Reciprocal Trade Agreement Act, RTAA）以來，美國逐步放棄保護主義，採取低關稅政策以擴大貿易、刺激經濟；戰後重建、關稅暨貿易總協定（General Agreement on Tariffs and Trade, GATT）及全球化進程更推動了關稅的持續下降，最終奠定了美國在全球貿易體系中的領導地位。

從圖表 5-3 可清楚看出 1934 年之後美國關稅逐年下降，主要是因為：

圖表 5-3　美國關稅隨時間變化 *

／美國歷史平均關稅　／根據海關稅收計算

\* 資料來源：美國國際貿易委員會、彭博經濟

1. **政策**：《互惠貿易協定法》改變了美國的貿易政策。
2. **經濟復甦**：降低關稅有助於擴大貿易、刺激經濟。
3. **戰後重建**：二戰及冷戰促使美國推動自由貿易以穩定盟友經濟。
4. **GATT 貿易協定**：美國在全球經濟體系中扮演領導角色，積極推動自由貿易。
5. **全球化**：跨國企業的發展促成進一步降低關稅的需求。

這些因素共同促成了美國關稅的逐步下降，最終奠定了美國在全球貿易體系中的領導地位。

然而，2025 年 2 月 13 日，川普再次出招，準備推行「對等關稅」政策，這一舉措引起全球各國恐慌，尤其是那些長期對美國保持貿易順差的國家。各國紛紛關注政策後續進展，評估其衝擊程度。以下節錄自白宮新聞稿：

> 美國是世界上最開放的經濟體之一，平均加權關稅稅率位居最低之列。美國對進口設置的障礙比其他主要世界經濟體（包括具有相似政治和經濟體系的經濟體）都要少。多年來，美國一直受到貿易夥伴（無論是朋友還是敵人）的不公平對待。這種缺乏互惠是

> 我們國家每年持續出現巨大商品貿易逆差的原因之一——國外市場的封閉導緻美國的出口減少，而國內市場的開放導緻美國的進口大量增加。

美國的政策目標是減少每年持續存在的巨大貿易逆差，並解決與外國貿易夥伴之間的不公平、不平衡問題。為此，川普推出了「公平互惠計畫」，努力透過確定與各國相當的互惠關稅來對抗非互惠貿易安排。

在全球習慣過去幾十年美國作為低關稅市場以培育各國經濟的背景下，川普決定拿起關稅大刀開始「宰殺」各國，利用龐大的美國市場與武力作為談判籌碼，逼迫各國就範。從關稅、俄烏戰爭、格陵蘭、巴勒斯坦到巴拿馬運河等議題，川普徹底打破國際秩序，旨在建立一個以美國為中心的新秩序。

由於並非立即實施對等關稅政策，市場認為這可以避免因加徵關稅而引發通膨再度上升，因此美元呈現下跌走勢。同時，這一延遲也被解讀為給對手國調整關稅政策的時間，這正是川普的談判策略——先丟出條件，等待對手回應；若對手無動於衷，川普便可名正言順地採取強硬措施。

由此可推估，金融市場對川普關稅政策影響美國與全球

經濟的後續發展仍須持續關注。因此,川普任期內的政策動向,尤其在社群媒體 X(前 Twitter)的即時動態,將直接牽動股匯市場的波動。

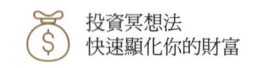

## 結語
# 相信自己可以顯化你想要的財富

　　本書帶領你探索的不僅僅是財富顯化的技術，更是一種深層的生命哲學。無論是投資心態的調整、內在信念的重塑，還是身心靈的全面覺察，這一切都圍繞著一個核心：**如何讓金錢成為你生命中的助力，而非負擔**。透過冥想與覺察，你可以剔除潛意識中那些限制性的信念，讓財富流動變得自然順暢，並為你的生活帶來無限可能。

　　從過去三次破產到今日的財富自由，我的經驗證明，財富的顯化並非僅靠運氣，而是一種可以學習與實踐的能力。每一次交易失敗、每一次焦慮與挫敗，都是通往成功的必經之路。正如我在書中所說：「**賺錢或賠錢，反映的正是你的決策品質，而決策品質源於內在的信念與能量。**」

　　在快速變化的市場中，僅靠技術分析不足以長期獲利。真正決定成敗的，是你的心態、情緒管理及對未知的接受度。這就是為什麼我將冥想引入投資世界，創立了「投資冥想與財富密碼」課程。這門課程不僅教你如何操作，更重要的是，教你如何調整內在狀態，與宇宙的豐盛能量對接，從

結語
相信自己可以顯化你想要的財富

而吸引財富。

回顧我的財富旅程，我經歷了無數次跌倒與爬起。最艱難的時刻，不在於資金短缺，而是內心的迷茫與自我懷疑。那時，我不斷問自己：為什麼有些人能輕鬆累積財富，而我卻屢屢受挫？後來我意識到，金錢不僅僅是外在的數字，它更是內在能量的反映。若你的內在信念充滿匱乏，外在的結果必然也會匱乏。

這樣的領悟使我開始專注於冥想與內在覺察。我發現，冥想不僅幫助我釋放交易中的壓力，更讓我在市場波動中保持冷靜，從而提升決策品質。在這個過程中，我深刻體會到，財富顯化是一個內外兼修的過程：內在必須擁有明確信念，外在則需要正確行動。

本書特別設計「投資冥想行動練習本」，共有 30 項行動練習和 3 週 21 天系統化訓練 —— **無論是每日的飲食、冥想、運動、對金錢的正向暗示，還是設定明確目標的技巧** —— 都是我多年實戰經驗的總結。這些方法不僅幫助了我自己，也幫助了無數學員打破了限制性的思維模式，開始真正掌控自己的財富命運。

**然而，財富的意義遠不止於累積數字，它更關乎你如何運用這些資源，為自己與他人創造價值。當你超越了對金錢**

**投資冥想法
快速顯化你的財富**

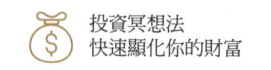

的焦慮，真正進入與財富共舞的狀態時，你的人生將進入一個全新的層次。

我希望本書能成為你生命中的一盞明燈，無論你現在處於何種財務狀況，都能從中找到前進的方向。如果你正面臨財務壓力，請相信這只是人生旅程中的一個階段。你有能力、有智慧，也有足夠的能量來扭轉局勢，走向豐盛。

請記住，**財富顯化需要目標、信念與行動的結合**。目標是方向，信念是力量，而行動則是將一切化為現實的橋梁。無論你現在的財務狀況如何，只要你敢於想像、願意行動，宇宙將以超乎你想像的方式回應你的渴望。

最後，讓我們一起感謝這段旅程中的每一個經歷 —— 無論成功或挫折，都在塑造你成為更好的自己。願你在實踐中找到自己的財富密碼，實現內心深處的夢想。相信自己，勇敢追求，屬於你的豐盛人生，已經在不遠的前方等待。

## 後記
# 感謝宇宙、貴人與自己，完成這本書

　　宇宙，是我們靈魂的家。看到本書完稿，我心中萬分感動。其實，本書的內容並不是出自我的頭腦，而是來自宇宙的靈感。更準確地說，是我打開了心靈之門，任由靈感如潮水般湧現，而我只是一位「翻譯官」，負責將這些靈感轉化為文字。

　　我的背景十分平凡，專科畢業、成績普通、智力一般，可以說是一個 nobody；然而，本書正是宇宙最好的顯化，感謝宇宙。只要你也願意全然敞開自己，就能接收宇宙的靈感，也許人生就此迎來轉折。

　　感謝我的營養師羽秀，兩年多來陪伴我與媽媽，一同學習健康飲食。感謝采實文化的工作夥伴，以及媽媽與家人、世芳和所有學員，共同促成了這本書的完成。最後，特別感謝我的身體，一路陪伴我體驗這個世界的種種。我期望能一直從事外匯交易到 100 歲，也要好好規劃、珍惜這副身體，保持最佳狀態。

翻轉學 翻轉學系列 146

# 投資冥想法，快速顯化你的財富
## 【1書+1行動練習本套組】
冠軍分析師金牌獵人結合獲利技術與身心覺察，
教你掌握致富的實戰策略

| | |
|---|---|
| 作　　　者 | 金牌獵人（朱均澤） |
| 營　養　師 | 張羽秀 |
| 文　字　採　訪 | 齊世芳 |
| 封　面　設　計 | FE工作室 |
| 內　文　排　版 | 黃雅芬 |
| 出版二部總編輯 | 林俊安 |

| | |
|---|---|
| 出　版　者 | 采實文化事業股份有限公司 |
| 業　務　發　行 | 張世明・林踏欣・林坤蓉・王貞玉 |
| 國　際　版　權 | 劉靜茹 |
| 印　務　採　購 | 曾玉霞・莊玉鳳 |
| 會　計　行　政 | 李韶婉・許俠瑪・張婕莛 |
| 法　律　顧　問 | 第一國際法律事務所　余淑杏律師 |
| 電　子　信　箱 | acme@acmebook.com.tw |
| 采　實　官　網 | www.acmebook.com.tw |
| 采　實　臉　書 | www.facebook.com/acmebook01 |

| | |
|---|---|
| I　S　B　N | 978-626-349-932-4 |
| | 978-626-349-946-1（親簽贈品版） |
| 定　　　價 | 660元 |
| 初　版　一　刷 | 2025年3月 |
| 劃　撥　帳　號 | 50148859 |
| 劃　撥　戶　名 | 采實文化事業股份有限公司 |
| | 104台北市中山區南京東路二段95號9樓 |
| | 電話：(02)2511-9798　傳真：(02)2571-3298 |

國家圖書館出版品預行編目資料

投資冥想法，快速顯化你的財富【1書+1行動練習本套組】：
冠軍分析師金牌獵人結合獲利技術與身心覺察，教你掌握致富的
實戰策略 / 金牌獵人（朱均澤）著. – 台北市：采實文化，2025.3
256 面；14.8×21公分. --（翻轉學系列；146）
ISBN 978-626-349-932-4（平裝）
ISBN 978-626-349-946-1（平裝親簽版）

1.CST: 投資　2.CST: 理財　3.CST: 財富

采實出版集團
ACME PUBLISHING GROUP

版權所有，未經同意不得
重製、轉載、翻印

翻轉學

翻轉學

# 使用說明

這是《投資冥想法,快速顯化你的財富》的實踐手冊,幫你透過冥想、覺察、行動,將吸引力法則應用於投資決策,提升你的財富顯化能力。內容共有 30 道行動練習,規劃為期 3 週 21 天的系統化訓練,讓你逐步養成穩定的投資習慣,強化市場直覺,同時建立積極的金錢信念。

**靈活使用,沒有限制**

- **每日練習**:每天選擇一個行動練習,按照書中的指導執行,並記錄自己的心得與變化。
- **三週規劃**:練習分為三大階段,逐步調整你的金錢能量與投資思維。
- **持續執行**:21 天後,可以重複練習或選擇特定行動作為日常習慣,確保投資冥想成為你穩定獲利的關鍵。

顯化財富,需要你的實際行動。每天投入 10 ~ 15 分鐘,將冥想與市場分析結合,讓財富頻率自然對齊,為你的投資之路帶來更多信心與穩定。

# 目 錄

| | | |
|---|---|---|
| | 使用說明 | 1 |
| 01 | 營養師帶你吃出健康財富 | 4 |
| 02 | 六大類食物和腸胃消化時間 | 16 |
| 03 | 找出你健康身體的信念 | 18 |
| 04 | 飲食健康紀錄表 | 20 |
| 05 | 飲食與健康狀況自我檢測 | 42 |
| 06 | 找出你的金錢信念 | 43 |
| 07 | 轉換金錢信念 | 44 |
| 08 | 實踐你的愛錢習慣 | 45 |
| 09 | 你的皮夾反映你的財富態度 | 46 |
| 10 | 打造財富磁鐵的皮夾 | 47 |
| 11 | 讓金錢成為財富使者 | 48 |
| 12 | 釋放匱乏感,培養財富信念 | 49 |
| 13 | 覺察內在念頭,避免投資誤判 | 50 |
| 14 | 調整市場頻率,與財富共振 | 51 |
| 15 | 訓練「正念投資」,提高勝率 | 52 |
| 16 | 量子顯化法,快速實現願望 | 53 |

| 17 | 製作你的專屬「錢母」 | 54 |
| --- | --- | --- |
| 18 | 建立「賺錢不驕」的心態 | 55 |
| 19 | 避免因賺錢而急於再進場 | 56 |
| 20 | 培養理性的「算牌」能力 | 57 |
| 21 | 如何從容應對虧損？ | 58 |
| 22 | 防止「報復性交易」 | 59 |
| 23 | 盤點你的「人生劇本」 | 60 |
| 24 | 冥想與運動，身心同步提升 | 61 |
| 25 | 行善布施，讓財富流動 | 63 |
| 26 | 建立「貴人清單」 | 64 |
| 27 | 正向願望，加速顯化成功 | 65 |
| 28 | 心想事成的「未來日記」 | 67 |
| 29 | 追蹤關鍵央行會議與決策 | 68 |
| 30 | 關注市場重要的指標 | 70 |

3 週 21 天系統化訓練　　　　　　　　　　　　　　72

特別提醒：建立防詐護體　　　　　　　　　　　　　80

# 01 營養師帶你吃出健康財富

在《投資冥想法，快速顯化你的財富》中，我們已探討「身體是財富的根基」的重要理念，從愛自己、飲食落實，到改變錯誤認知，都是為了打造有錢人的健康體質。而健康，正是投資理財的起跑點。

接下來，張羽秀營養師以她豐富的臨床經驗，從另一個角度分享國人十大死因與健康代價的真實情況，進一步說明如何透過正確飲食與生活習慣來維護健康，從而讓財富顯化的基礎更加堅實。

**關於營養師**

| 張羽秀 | |
|---|---|
| 🎓 **學歷**<br>中國醫藥大學營養系學士<br>台灣大學食品科技研究所<br>保健營養組碩士 | 📋 **證照**<br>中華民國營養師證書<br>初級保健食品研發工程師<br>中華民國糖尿病衛教學會合格衛教師<br>腎臟專科營養師 |
| 💼 **現職**<br>蒔依營養工作室創辦人<br>Podcast《初醫食伍》主持人 | 📖 **經歷**<br>台中童綜合醫院 營養師<br>成大醫院 癌症中心營養師 |

## 國人十大死因與健康的代價

爸爸的離世給了我極大的打擊。從畢業後到他過世，我一直在醫院擔任營養師，每天的工作對象主要是三高患者和臥床的老人。我當時是癌症專科營養師，接觸的患者都為正在接受癌症治療的病人，無論是手術後、化療或放療中的病人，甚至是末期的癌症患者。每天我都陪伴這些抗癌勇

士與死亡抗爭。

統計顯示，大約 20% 的癌症患者死於營養不良，而非癌症本身；而大約 75% 的癌症患者在診斷時就已經出現營養不良的狀況。雖然身為醫療人員，我深知營養介入對許多病人的幫助，但也目睹了當疾病進展至末期時，即使病人拚命調整飲食，死亡依然無情地步步逼近。這種無奈的情況讓我感到無比沉重，最終，我的身心狀態無法再承受這樣的壓力，只能選擇離開醫院崗位。

這段時間的經歷讓我深刻意識到：**疾病的預防永遠比治療更為重要**。我默默告訴自己，希望爸爸的離世能讓我帶著深深的痛苦去幫助更多的人，避免同樣的悲劇再次發生。於是，我轉而從事營養諮詢工作。

與在醫院工作時不同，當時由於健保給付的限制，我接觸的病人大多已經處於患病狀態，隨著病程已久有很多人已經覺得要做改變也力不從心，這使我也很無奈。相比之下，現在我接觸來營養諮詢對象，通常是一些亞健康狀態的人，他們主動尋求改變，並積極配合我的建議。經過一段時間調整後，他們都能找回健康及滿意的身形，能與他們一起變好，這讓我感覺這份工作非常有意義。

我父親離世的原因是台灣十大死因中排行第二的心臟病，這對我們一家造成了難以抹去的痛苦。可以想像，這些十大死因對台灣無數家庭帶來了多少遺憾。如果我們想避免這樣的遺憾，首先需要了解這些死因的成因，並認識到它們對我們健康所造成的代價。

## 致人於死的重症需要付出多少代價？

根據衛生福利部的統計數據，2023 年國人十大死因如下：

1. 癌症
2. 心臟疾病（不包括高血壓性疾病）
3. 肺炎
4. 腦血管疾病
5. 糖尿病
6. 嚴重特殊傳染性肺炎（COVID-19）

7. 高血壓性疾病
8. 事故傷害
9. 慢性下呼吸道疾病
10. 腎炎、腎病症候群及腎病變

在這十大死因中,除了嚴重特殊傳染性肺炎和事故傷害,其餘八項均與「飲食」及「肥胖」息息相關,其中癌症更是連續42年位居首位,每年都有數以萬計的人因此失去生命。隨著醫療技術的不斷進步,自費醫療提供了更多治療選擇,固然能讓患者有更多方案,但同時也意味著治療費用將隨之水漲船高。

## 你要花錢維護健康,還是花錢贖回健康?

根據衛生福利部的資料顯示,「經過健保醫療科技評估後,許多高價醫療項目暫不給付。例如,達文西手術需自費15萬到25萬元不等、質子治療一個療程約90萬元、基因檢測(NGS)約20萬元,而健保未給付的癌症標靶藥物療程治療費用約360萬元、癌症免疫療法則約300萬元。即使有健保,給付也有嚴格條件,若藥物不符給付標準,對多數民眾來說,這些費用將成為沉重的經濟負擔。」

如果沒有商業保險的轉嫁,或缺乏足夠財力應對,這些龐大的醫療費用往往會使一個家庭陷入拮据的狀態。這還不包括病人在確診後所面臨的其他成本:治療所需的時間、精力、照護費用,以及隨著健康惡化所損失的生活品質;這些損失不僅影響病人本人,連家人和親友也會一同承受。

**要想預防疾病,正確飲食絕對是最重要的一環。**若不注重飲食,只會持續消耗健康,等到確診三高、癌症等慢性病時,只能乖乖奔波醫院,試圖花錢贖回健康。然而,有些疾病一旦確診便無法痊癒,只能終身相伴。

維護健康確實需要投入時間和金錢,但你可以選擇在生病之前花錢投資健康,而非等到生病後再花錢治療。我曾與朱老師深入探討這個問題,他語重心長地表示:「有些人會質疑我為何花那麼多錢諮詢營養師。我明白學習健康知識、實施健康守則、享用健康餐食等都有成本,但這些花費是我主動選擇的。在營養師的指導下,我仍能享受美食,並懂得如何調整

飲食，不讓美食影響健康，主控權始終掌握在我手中。反之，若等到身體出現問題，再由醫生告訴我該如何治療，那時候我就沒有選擇權了，因為我已將主控權交給了他們。」

**如果你現在沒有病痛，意味著你仍擁有選擇權。你可以開始調整飲食習慣，以此來維護健康、預防疾病，永遠不必將選擇權交出去。** 每個人每天至少要面對三餐，這每一次進食都是一次對飲食與身體反應的觀察。透過不斷練習與調整，你會越來越了解自己的身體，變得更健康。當然，你也可以選擇隨心所欲，無論身體需求如何，任由口腹之欲滿足，這也是你的選擇，但賭上健康與病魔交易的代價往往極高。

無論你如何選擇，總得花錢；但一種是開心投資在健康上，另一種則是不得不在生病後花大錢治療，而後者往往付出的代價遠超前者。花錢請專業營養師指導正確飲食、請健身教練教你運動，或購買運動器材來提升健康，這些前期投資相比失去健康後要支付的高昂費用，根本微不足道。

失去健康的代價遠超我們的想像，不僅僅是金錢損失，還包括失去與家人共度的時光、失去應有的快樂人生。等到你病倒了，才會深刻體會到失去的一切有多麼寶貴，但為什麼非得等到那時才後悔呢？

## 不再只用體重決定你的胖瘦

A 小姐今年 36 歲，大學畢業後便開始創業，如今已經是多家公司的老闆，同時也是兩個孩子的媽媽，她的孩子繼承了她的聰明和機智。無論擔任哪個角色，她總能找到適應的訣竅，從容應對，看起來似乎沒有什麼能讓她難倒的事情。曾經，我開玩笑地問她：「我看妳唯一的煩惱就是體重吧？」她總是苦笑著回答：「對啊，想減肥怎麼這麼難呢？」

A 小姐從國中開始便每天量體重，只要體重稍微上升，她就會減少進食，只有體重減少了才會放開肚皮吃。隨著年齡漸長，她開始發現體重的數字漸漸攀升，於是她感到愈發束手無策，開始陷入無盡的焦慮當中：「怎麼又胖了？真煩！」她一直無法理解，為什麼體重就是無法降下來。其實，A 小姐的情況是許多人身上的縮影，將體重數字視為健康與美麗的唯一標準。

觀察她的飲食和生活習慣，我發現她天生不愛吃蔬果，喝水和吃飯都

需要他人提醒。由於過於專注於工作，往往一坐就是好幾個小時，有時甚至會忘記起來走動。同事偶爾會小聲提醒她：「妳要不要起來走走？」她才會驚覺自己很久沒有活動，甚至不曾去上廁所。正餐對她而言更是「有吃就好」，到了餐後如果肚子餓了，也只隨便拿些零食來填補。下班後，坐在沙發上，她就會不停吃零食來紓解一整天的疲憊。

　　長時間久坐的人常常會遭遇便祕、痔瘡等問題，而 A 小姐的情況也並不例外，於是透過每天服用瀉藥或灌腸來幫助排便，這也符合多數人認知的「只要有排便體重就會下降，就等於變瘦」。

　　然而，這樣的習慣逐漸讓她的腸胃狀況出現問題。她有時會發現自己外出活動後，經常會出現拉肚子的情況，但奇怪的是，每當拉肚子，她的體重就會下降，她反而感到開心，但如果又恢復不動的生活，吃再少也不會瘦所以又非常沮喪。

　　我向她解釋道：「妳的體重在增加活動量後會拉肚子，是因為妳長期以來纖維攝取不足，加上頻繁使用瀉藥，導致腸道的好菌數量不足。事實上，腸胃道對水分的吸收非常有效，通常 99% 的水分都會被吸收進入血液。但當腸道好菌數量過少，壞菌就會損壞腸道的粘膜，影響水分的吸收，結果便會造成像腹瀉一樣的稀軟糊便。」

　　像 A 小姐這樣的情況，很多人都有類似的經歷。工作繁忙，導致無暇關心飲食和活動量，這些不健康的生活習慣讓身體的正常機能無法維持，體重也逐年增加。

　　開始諮詢後，我提醒 A 小姐：「如果妳只用體重數字來判斷飲食調整的效果，那是非常片面的。就像妳身為老闆，若只用打卡時間來判斷員工的表現，那會很不公平。若妳想要合理減重，就需要開始關注身體的真正感受，並給予身體時間來回應。」我希望她的目標不再僅僅是體重數字，而是轉向建立正確的身體感知和選擇合適的飲食方式。

　　按照我的建議，A 小姐開始更加關注自己的身體狀況。僅僅一個月，她的體重從 58 公斤減到了 55.5 公斤，這樣的減重方式既健康又穩定，而且她的體重仍在持續下降中，完全沒有出現復胖的情形。

## 體重不是一個減脂的好指標

許多人像 A 小姐一樣，對體重存在誤解。他們認為自己體重變重就一定是變胖，其實這些變化往往只是暫時的波動，通常與進食量、腸胃消化狀況、睡眠質量或流汗等因素有關。許多減肥者希望自己做出改變後，每一天的體重像溜滑梯一樣直線下降，無法接受任何因為腸胃消化狀況不好、沒睡好等這類因素對體重造成短暫上升的結果。

但事實上，通常只有兩類人體重是直線下降的：一是有腸胃炎的人，二是生病或處於瀕死狀態的人，比如糖尿病患者、燒燙傷患者或癌末患者。**正常情況下，人體自然就有體重設定點保護機制，而且脂肪的燃燒過程涉及一系列複雜的化學反應，因此在健康狀況下，體重下降應該像下樓梯一樣，呈階梯式的緩慢下降。**

因此，**減脂需要保持耐心，千萬不要在小波動時製造更大的麻煩**。比方說：有些減重者發現自己吃了好幾天健康餐盒、大口吃菜，體重不降反升，一氣之下吃了點蛋糕，結果隔天體重居然下降。這些現象經常讓人困惑又挫敗，到底怎麼回事？其實，這只是身體對飲食反應的「時間差」所造成的現象，正所謂「不是不報，時候未到」。而吃蛋糕後體重下降的真正原因是你前幾天的健康飲食，並非是昨天的蛋糕讓你瘦下來。

## 減脂不等於減重，養好腸胃才能減脂

我的另一位個案 B 女士，是一位非常溫暖、堅韌且充滿智慧的長者，今年已經六十多歲。年輕時，她為了家庭和事業拚搏，雖然如今已經進入退休階段，但那段高壓的生活對她的身體造成了極大的負擔和傷害，使他長年受到胃潰瘍的困擾，並且在幾年前罹患了乳癌。由於這兩個健康狀況，醫生建議她調整飲食並減輕體重。

然而，由於藥物副作用使得她的體重容易增加，再加上她的腸胃功能不佳，導致減重速度非常緩慢，約需一個半月才能減掉 1 公斤。

儘管如此，她的體脂卻有了顯著的改善，下降了 3%（一般常見減重 1 公斤體脂只會降 0.5%～1%），這與我們在減脂過程中專注於腸胃保養有很大關係，現在，她的胃痛已經不再需要藥物來控制了。

其實，做到「不管體重，只看體脂」並不容易，儘管她的體脂率改善，體重並未顯著下降，還是讓她感到有些沮喪。她曾經說過：「雖然我感覺自己變瘦了，但體重不降還是讓我有些不開心。」我觀察到，她臉部的浮腫已經明顯減少，這讓我鼓勵她：「別只看體重，妳可以照照鏡子，或者量量腰圍，來確認自己是否有變瘦。」結果證明，她的體重雖然只減了 1 公斤，但腰圍卻減少了 1 吋（2.54 公分，一般常見減 1 公斤會少 1 公分）。這樣的進展讓她對「減脂不等於減重」有了更大的信心。

## 減脂期間，觀察身體變化，更要保持心靈健康

我經常遇到個案在減脂過程中問我：「妳覺得我是不是瘦太快了？我的臉有變凹了？我的胸部是不是變小了？」這些問題通常出現在他們開始認真遵循我給予的飲食及生活習慣調整的建議後，這些人每個月減重 2 公斤以上是很常見的，甚至有人可以在半年內減掉 18 公斤。

由於許多人在變胖之後會抗拒照鏡子，然而，體重的增加通常是以「年」為單位逐漸累積的。當他們在短時間內減掉這麼多體重，如果只是專注於持續減脂，而不常照鏡子或注意身體的變化，外在的變動對他們而言是很劇烈的，但也就是恢復他瘦的樣子而已。

因此，**我鼓勵個案們經常使用鏡子來觀察自己的體態變化，幫助自己重新認識身體形象，並且建立起正向的自信心。減脂不僅僅是減少體重，更是對身體感受的細心觀察和積極調整的過程。**

## 擺脫數據桎梏，適時犒賞自己

許多人對飲食上的不自由，往往來自過度執著於數字，特別是體重計上的數字。舉個例子，吃完麻辣鍋這樣的重口味食物後，第二天必然會水腫，體重上升。隨著數字的增加，許多人會產生一種無名的罪惡感。

將體重數字視為衡量自我價值的標準，會讓人對飲食產生不健康的情緒與想法。如果你發現「吃」這件事讓你感到內疚，不妨嘗試為「吃」賦予一個全新的意義。例如，可以把吃一頓大餐視為與朋友、家人，或甚至

自己約會的時光。在這段時光裡，放下所有壓力，享受每一口美味；餐後再選擇散步消化，放鬆心情，讓自己完全活在當下。

回到家後，不要忘了尊重自己。如果這一餐讓你感覺過飽，那就適當延長空腹時間，讓身體有時間休息，並且將焦點轉向身體的感覺，觀察並正視每一個細微的變化，取代對體重數字的焦慮和恐懼。

有些人會將這樣的餐次稱為「作弊餐」，但我覺得這樣的心態其實有很大的區別。所謂的「作弊餐」通常是因為在減重過程中覺得自己很委屈、很辛苦，於是給自己一個獎賞；然而，若飲食的改變本身是值得的，那麼就不該抱有「作弊」的心態。這只是你在日常生活中享受一餐美食的過程，並不需要給自己設限或責罵。

## 觀察並記錄身體變化，讓你更有力量

單單依賴體重這個數字來評估健康與體態，實際上是非常局限的。要全面了解一個人的健康狀況，還需要更多維度的數據，例如血液檢查、胃鏡、大腸鏡等醫學報告。

在減脂過程中，因為監測方便性，我依然會建議我的個案每天測量體重和體脂。這時候，常會有個案問我：「你不是叫我不要太關注數字嗎？那為什麼還要我每天量體重和體脂呢？」（其實，我同時也會讓他們記錄睡眠、運動量、排便情況和心情。）

我的回答是：「這些數據確實有助於我們追蹤減脂過程中的變化，我也會教你如何判斷。但它們不該是讓你焦慮的來源，你應該將焦點放在身體的感受上。例如，當你吃了蛋糕和營養餐盒後，身體的反應有何不同？哪一種讓你覺得更舒服？」

有時，個案會猶豫：「好像是營養餐盒吧。」

接著，我會問：「那如果肚子餓了，你會立刻吃東西嗎？」

大部分的個案通常會笑著回答：「當然，餓了怎麼辦？」

我再進一步問：「那你確定自己是『真餓』，還是只是脹氣或血糖波動呢？」

這個問題常常會讓他們愣住：「原來餓還可以分真假嗎？我不太確定耶。」

這樣的反應並不讓我驚訝。大多數人在感到肚子餓時會直接吃東西，卻很少停下來思考自己是不是「真餓」，甚至不知道真正的「餓」是什麼樣的感覺。

其實，我們的身體有天然的飽足和飢餓機制。當我們吃飽後，能量充足，便能進行各種活動；當我們肚子餓時，這正是身體發出的信號，告訴我們該進食。然而，現代生活中，很多人經常處於飽足與脹氣之間，難以分辨這兩者的感覺，甚至只追求「飽腹感」。

因此，我會強調「飽足感」與「飢餓感」的覺察。我建議個案要練習辨別何時真正感到飢餓，這對於減脂的成功至關重要。很多人只關心體重數字，而忽略了身體內在的訊號，這正是為何很多人在減重過程中最終失敗的原因。

**營養減脂的過程是透過飲食開啟身體與心靈的對話，目的在幫你重獲飲食自由的快樂跟健康的身體。** 不要過度在意體重計上的數字，而忽視內在的身體信號，這也是為什麼「覺察」在過程中如此重要。

營養界有句名言：「You are what you eat.」（你吃什麼，你就是什麼樣子。）如果不仔細觀察身體的變化，就無法了解身體正在發生的變化甚至不覺察他有變化。因此，我鼓勵大家開啟對身體的覺察，記錄食物對身體的影響：它會影響睡眠嗎？是否會打嗝、放屁、腹痛或拉肚子等？這些細微的變化其實是腸胃健康的指標。當腸胃健康時，體重也會自然而然地減輕。

「胃腸好，人不老」不僅僅是胃腸藥廣告中的台詞，而是真實不虛的事實。只要你的腸胃夠好，歲月就難以在你身上留下痕跡；而那位年輕得幾乎能欺騙社會的朱老師，就是最佳例證。想了解朱老師的減脂故事，就快翻開《投資冥想法，快速顯化你的財富》吧！

## 展開身體覺察，重獲飲食自由

在《投資冥想法：快速顯化你的財富》這本書中，朱老師有提到過如何調整腸胃讓排便變得健康，也讓他在減重上取得巨大的成功。

許多研究已經證明，腸道微生物群對身心健康有很大影響，而糞便正是了解腸道狀況的重要指標。因此，透過觀察排便的次數、量、顏色和形

狀,我們能夠獲得許多有價值的資訊。根據醫學上常用的布里斯托大便分類法(Bristol Stool Scale),大便被分為七個類型,數字越小,通常代表糞便在腸道停留的時間越久,顏色也會越深,腸道的排泄功能相對較差。

健康的糞便應該是表面光滑、金黃或棕黃色,形狀呈現香蕉狀。這是理想的排便狀況,代表腸道運作良好。這種糞便在腸道中滯留的時間不長,顏色也比較正常,這是腸道健康的訊號。反之,糞便的形狀過於硬或過於糊狀,或者顏色偏黑偏紅,都可能是腸道健康出現問題的警告。

**布里斯托大便分類法**

| 型態 | 大便形狀 | 說明 | 健康狀況 |
| --- | --- | --- | --- |
| 第一型 | 顆粒 | 乾硬如小羊便,解便時通常要比較費力 | 水量不足、脹氣、飲食過鹹、油炸物攝取過多、活動量不足、蔬菜水果吃不夠 |
| 第二型 | 凹凸 | 硬球聚集成香腸狀 | 第一二型的健康狀況一樣,只是第一型比第二型嚴重 |
| 第三型 | 裂痕 | 表面有裂痕的香腸狀 | 腸道健康,但喝水量或蔬菜水果量稍嫌不足 |
| 第四型 | 光滑 | 光滑如香蕉狀 | 腸道健康良好 |
| 第五型 | 軟塊 | 切面明顯的軟塊 | 須留意最近是否有吃比較多油膩食物,如:麻辣鍋、甜點、產氣蔬果 |
| 第六型 | 糊狀 | 粗邊蓬鬆狀的糊狀 | 腸道菌相不佳、飲食油脂攝取過多(動物性脂肪)、吃了保存不佳的飲食 |
| 第七型 | 液狀 | 液態糞便,無明顯形狀 | 第六型跟第七型一樣,只是第七型比第六型嚴重 |

飲食的內容跟方式會直接影響排便的質量和顏色。如果我們增加蔬菜、水果和全穀類食物的攝入量,糞便通常會變得金黃且結實;而油炸食物則會使糞便變得黏膩、軟糊;水分攝取不足也會導致便祕或便便變成小羊便。此外,若一天吃不停,沒有給身體適當的「空腹」來休息,也可能會引起脹氣和排便困難。這些細節都需要透過身體覺察來注意。

## 飢餓感並不可怕

我們先前聊過很多次的飢餓感，我明白許多人一定還是對其感到恐懼，甚至有個案在我提出飢餓感練習時問過我：「萬一我晚上十點多才感到肚子餓，該怎麼辦？那時候不是不能再吃東西了，這樣我半夜會不會睡不著？」

我告訴他：「當你練習等待到七分餓再吃東西，在那之前把水分喝足，你會發現身體會越來越舒適，並且能夠順利消化食物。屆時，即便感覺飢餓，卻不再是有現在餓到受不了的感受，不需要先為此擔心。如果你現在還不明白，這是因為你還沒有開始實踐，當你開始練習後，會發現這些顧慮不再存在。」

## 飢餓感並非少吃的代名詞

很多人覺得飢餓感代表「少吃」，但相反，許多個案在建立正常飢餓感模式後，腸胃逐漸變得健康，反而能夠攝取更多食物，甚至變成攝入更多營養素，體脂反而開始降低，體態也變得更輕盈。

所以，別害怕擁抱飢餓感，但如果你還是會擔心也是正常的，畢竟每個人的情況不同，在開始前尋找你信任的醫生或營養師評估過身體狀況後，我們就開始啟動身體的覺察吧！

## 飲食與身體的關係

飲食本應該是自由和美好的，每個食物吃完後，身體的反應都是個人化的。**當你開始聆聽並了解身體的語言，身體將展現驚人的力量，讓你自然而然地改變飲食習慣，分辨出哪些食物對身體有益，哪些對身體有害，學會尊重身體，找到最適合自己的飲食模式吧。**

身為營養師我也不是生來就吃得健康，過去我當癌症營養師時，每週都會吃三次炸雞排，這樣的飲食習慣是否有點諷刺呢？但讓我改變的，就是我開始觀察身體的反應，逐漸減少炸雞的攝取頻率，最終，我現在幾乎

每年吃不到三次炸雞排。而這個這不是因為外界的壓力，而是我的身體給我的反饋，然後基於愛自己我所做出的改變。

又有一次，我終於準備去摘下我人生第一間米其林餐廳了，我興匆匆的跟我一位吃遍米其林一百多顆星的「饕客」個案分享。他開玩笑地說：「這間很棒，但我每次吃完都又腫又胖；我發現一餐超過 1,000 元以上的美食，往往都超過我身體可以負荷的濃重厚膩。而且當我摘過這麼多星星後，我發現我家巷口麵攤一餐百元有找的豆腐細粉配燙青菜卻是我吃完身體最舒服的滋味。」可見要吃得健康，方法很簡單也不用花大錢。

有人告訴過我健康是 1，**擁有健康**，你用心經營的美好家庭、努力工作的成果、理財的果實，則是後面的 0。願每個人都能有健康的身體，打造出後面無限的零。

## 02 六大類食物和腸胃消化時間

### 常見的六大類食物

食物是能量的來源,掌握六大類食物分類,打造健康體質,讓身心能量順暢流動:

| | | |
|---|---|---|
| 全穀根莖類 | 全穀類 | 白飯、日本玄米、五穀飯、糙米、胚芽米、黑米、小米、藜麥、紅豆、綠豆、薏仁、燕麥 |
| | 根莖果實類 | 地瓜、蓮藕、馬鈴薯、山藥、皇帝豆、玉米、南瓜、蓮子、雪蓮子(鷹嘴豆) |
| | 麵食類 | 清湯麵條、白吐司、法國麵包、無餡餐包、貝果、饅頭、水餃皮、餛飩皮、全麥麵包 |
| 豆蛋魚肉類 | 豆及其製品 | 黃豆、黑豆、毛豆、豆漿、豆腐、豆花、豆乾、豆包、素雞 |
| | 魚(海鮮類) | 各類魚(鯖魚、鱈魚、鮭魚)、花枝、蝦、蛤蠣、牡蠣 |
| | 蛋 | 雞蛋、鵪鶉蛋以上大小的蛋都算 |
| | 肉 | 豬、雞、鴨、鵝、羊、牛、鴨血、豬血、豬肝、雞肝 |
| 乳製品 | | 牛奶、起司、優格、優酪乳 |
| 水果類 | | 黃色奇異果、木瓜、鳳梨、紅肉李、蘋果、柳橙、蓮霧、柚子、西瓜、火龍果、香蕉、聖女番茄 |
| 蔬菜類 | 葉菜類 | 高麗菜、地瓜葉、青江菜、菠菜、山茼蒿、莧菜、大陸妹、空心菜 |
| | 瓜果根莖類 | 冬瓜、胡瓜、絲瓜、小黃瓜、櫛瓜、玉米筍、紅白蘿蔔、茭白筍、大番茄、蘆筍、牛蒡 |
| | 莢豆類 | 荷蘭豆(甜豆筴)、豌豆莢、四季豆、菜豆 |
| | 菇類、藻類 | 香菇、杏鮑菇、金針菇、鴻喜菇、木耳、海帶 |
| | 芽菜類 | 豆芽、苜蓿芽、黃豆芽、小豆苗 |
| 油脂類 | 隱藏油脂類 | 培根、酪梨、沙拉醬、大蒜醬、肥肉、加工肉品(香腸、熱狗、貢丸等)、芡汁、鮭魚卵、烏魚子、百頁豆腐、凱薩醬 |
| | 食用油脂類 | 亞麻仁籽油、橄欖油、玄米油、苦茶籽油、葡萄籽油 |
| | 堅果種子類 | 核桃、腰果、南瓜子、杏仁、芝麻、夏威夷豆、黑巧克力、花生 |

# 食物的消化速度與胃排空時間

　　胃排空就是大家常說的好不好消化？各類食物在胃的排空時間不同會影響飽足跟飢餓的感受，排空時間長會飽得久，找不到飢餓感時可以增加排空時間短、排空速度快的食物攝取。掌握飲食節奏，讓腸胃順暢運作，提高身心能量！

| 序號 | 食物類型 | 胃排空（消化）時間及說明 |
|---|---|---|
| 1 | 水 | 約 0 ～ 10 分鐘 |
| 2 | 飲品及湯品 | • 純咖啡、茶葉、無咖啡因茶飲（花茶、麥茶、黑豆水）：約 0 ～ 10 分鐘<br>• 過濾果汁：約 15 ～ 30 分鐘<br>• 濃湯 > 清湯，濃湯通常含油脂高排空越慢<br>• 咖啡、茶葉：有胃潰瘍及胃食道逆流者不建議飲用 |
| 3 | 水果類 | 約 30 ～ 60 分鐘<br>• 酵素含量高的木瓜、奇異果、鳳梨有加速胃排空的功效 |
| 4 | 蔬菜類 | 約 40 分鐘～ 2 小時<br>• 受烹調方式影響大：油炸 > 炒 > 水煮、涼拌、沙拉<br>• 纖維越粗排空越久，如：高麗菜 > 瓜果類 |
| 5 | 全穀雜糧類 | 約 1.5 ～ 3 小時<br>• 精緻澱粉排空快：麵食類（吐司、饅頭、麵條） |
| 6 | 豆蛋魚肉類及乳品類 | 約 3 ～ 6 小時<br>• 植物性蛋白質排空時間較短，動物性蛋白質則相對較長<br>• 動物性蛋白質含油量高排空時間越長：紅肉 > 白肉 > 海鮮<br>• 紅肉為四隻腳（豬、牛、羊），白肉為兩隻腳（雞、鴨） |
| 7 | 油脂及堅果種子類 | 約 4 ～ 6 小時<br>• 動物油（肥肉）比植物油排空慢<br>• 堅果種子類含有纖維排空速度比液態油脂慢 |
| 影響胃排空原則說明 | | • 胃排空的時間會因人及食物內容而有極大差異<br>• 吃得越多排空越久<br>• 體積越大排空越慢，故建議進食時要仔細咀嚼<br>• 固態食物排空比液態食物久<br>• 烹調油脂越多（油炸、煎、炒、濃湯、芡汁）排空也會越慢<br>• 酸性食物（如：醋、發酵液）有加快排空的效果 |

## 03 找出你健康身體的信念

我們無法預知意外或明天誰會先來,但如果你能夠健康地活到理想的年齡,你會如何規劃與使用自己的身體?與其擔心未來的風險,不如把握當下,讓身體成為你實現財富與理想生活的基石。現在,想想以下問題:

**1. 你認為健康的身體能帶給你哪些好處?**
（例如：讓我有足夠精力享受生活、實現夢想、陪伴家人、擁有更多選擇權等）

_____

_____

_____

**2. 你希望自己能活到幾歲?**
_____歲

**請閉上眼睛,想像一下:**

- 當你到達這個年紀時,你的身體狀態、精神狀態、生活品質會是如何?

_____

- 你希望自己能夠自由活動,還是需要他人照顧?

_____

- 你希望擁有足夠財富來支持生活,還是因健康問題花費大量金錢?

_____

## 3. 為了達到這個目標,你「應該」怎麼使用你的身體?(請勾選)

| ☐ 保持足夠睡眠<br>☐ 作息不規律,熬夜或想睡就睡 | ☐ 建立規律運動習慣<br>☐ 完全不運動 |
|---|---|
| ☐ 養成良好飲食習慣,吃適合自己的食物<br>☐ 大吃大喝,隨心所欲進食 | ☐ 定期健康檢查,追蹤身體數據<br>☐ 忽視身體健康,不做檢查 |
| ☐ 建立理財儲蓄習慣,確保老後生活品質<br>☐ 不理財,缺乏長期財務規劃 | |

## 4. 你「現在」是如何使用你的身體?(請勾選)

請誠實檢視自己現在的行為,對比上一題,目前的現況是靠近還是遠離你的理想狀態?

| ☐ 保持足夠睡眠<br>☐ 作息不規律,熬夜或想睡就睡 | ☐ 建立規律運動習慣<br>☐ 完全不運動 |
|---|---|
| ☐ 養成良好飲食習慣,吃適合自己的食物<br>☐ 大吃大喝,隨心所欲進食 | ☐ 定期健康檢查,追蹤身體數據<br>☐ 忽視身體健康,不做檢查 |
| ☐ 建立理財儲蓄習慣,確保老後生活品質<br>☐ 不理財,缺乏長期財務規劃 | |

　　如果你發現「現在的行為」與「理想目標」有落差,那麼 現在就是改變的最佳時機!

　　從今天開始,選擇一個你可以立即調整的習慣,開始邁向更健康、更富足的未來。

## 04 飲食健康紀錄表

　　財富與健康並非獨立的兩條道路，而是彼此相互影響的能量循環。當你的身體健康、精力充沛時，你的決策力、行動力、專注度都會大幅提升，進而影響你對財富的管理方式與投資心態。擁有穩定的身心狀態，才能讓財富持續流入，並守住累積的成果。

　　你是否曾經發現，當你睡眠不足、飲食不均衡、壓力過大時，做投資決策特別容易受情緒影響？這是因為身體能量低落時，大腦運作效率下降，容易讓人變得衝動、不理性，甚至對財富產生匱乏感，導致錯誤的金錢選擇。因此，想要真正擁有財富，首先必須擁有健康，讓你的身心能量保持在最佳狀態，才能夠持續穩定地顯化你想要的財富。

　　這本 21 天飲食健康紀錄表，專為希望同步提升「健康與財富能量」的投資人設計。透過每日記錄飲食、運動與生活作息，你將能夠清楚掌握自己的能量狀態，並調整習慣，讓身體成為你的最佳投資夥伴。

## 如何使用這本紀錄表？

- **每天花 5 分鐘記錄**：詳細記錄每日的飲食內容、飲水量、運動時數與睡眠品質，透過數據掌控自己的健康狀態。
- **每 7 天進行一次回顧**：檢視自己的進步，發現有哪些飲食或生活習慣影響你的能量，並做出適當調整。
- **21 天後檢視成果**：透過穩定的飲食與作息，你將發現自己的專注力更強、投資心態更穩、決策品質更高，身體與財富同步成長。

　　記住：「財富來自於你每天的選擇。」在就開始這 21 天的旅程，讓健康與財富同步升級，打造一個既富足又充滿能量的未來！

## 飲食健康紀錄表

| 日期 | | 今天運動了嗎？ | |
|---|---|---|---|
| 天氣 | ☀ ⛅ ☁ ☂ | ❖ 走路步數： | |
| 心情指數 | ♡ ♡ ♡ ♡ ♡ | ❖ 運動項目： | |
| 睡眠時數 | 小時 | 運動時間： | |
| 自我評分 1-100 分 | 分 | 消耗熱量： | |

| 早上體重 | 早上體脂 | 今日飲水量 | 目標體重 | 目標體脂 |
|---|---|---|---|---|
| 公斤 | % | CC. | 公斤 | % |

### 飲食紀錄

**早餐**

飢餓感
1　2　3　4　5　6　7　8　9　10
一點都不餓　　　　　　　　　　非常餓

- 全穀雜糧類：
- 蛋白質與乳製品：
- 蔬菜類：
- 水果類：
- 油脂與堅果類：

飽足感
1　2　3　4　5　6　7　8　9　10
一點都不飽　　　　　　　　　　非常飽

**午餐**

飢餓感
1　2　3　4　5　6　7　8　9　10
一點都不餓　　　　　　　　　　非常餓

- 全穀雜糧類：
- 蛋白質與乳製品：
- 蔬菜類：
- 水果類：
- 油脂與堅果類：

飽足感
1　2　3　4　5　6　7　8　9　10
一點都不飽　　　　　　　　　　非常飽

**晚餐**

飢餓感
1　2　3　4　5　6　7　8　9　10
一點都不餓　　　　　　　　　　非常餓

- 全穀雜糧類：
- 蛋白質與乳製品：
- 蔬菜類：
- 水果類：
- 油脂與堅果類：

飽足感
1　2　3　4　5　6　7　8　9　10
一點都不飽　　　　　　　　　　非常飽

**其他**

飢餓感
1　2　3　4　5　6　7　8　9　10
一點都不餓　　　　　　　　　　非常餓

- 全穀雜糧類：
- 蛋白質與乳製品：
- 蔬菜類：
- 水果類：
- 油脂與堅果類：

飽足感
1　2　3　4　5　6　7　8　9　10
一點都不飽　　　　　　　　　　非常飽

排便狀況：　　今天心情紀錄

| 1 | 2 | 3 | 4 | 5 | 6 | 7 |

## 飲食健康紀錄表

| 日期 | | | 今天運動了嗎？ | |
|---|---|---|---|---|
| 天氣 | ☀ ⛅ ☁ 🌧 | | 走路步數： | |
| 心情指數 | ♡ ♡ ♡ ♡ ♡ | | 運動項目： | |
| 睡眠時數 | | 小時 | 運動時間： | |
| 自我評分 1-100 分 | | 分 | 消耗熱量： | |

| 早上體重 | 早上體脂 | 今日飲水量 | 目標體重 | 目標體脂 |
|---|---|---|---|---|
| 公斤 | % | CC. | 公斤 | % |

### 飲食紀錄

**早餐**

飢餓感
1 2 3 4 5 6 7 8 9 10
一點都不餓　　　　　　　　　　非常餓

- 全穀雜糧類：
- 蛋白質與乳製品：
- 蔬菜類：
- 水果類：
- 油脂與堅果類：

飽足感
1 2 3 4 5 6 7 8 9 10
一點都不飽　　　　　　　　　　非常飽

**午餐**

飢餓感
1 2 3 4 5 6 7 8 9 10
一點都不餓　　　　　　　　　　非常餓

- 全穀雜糧類：
- 蛋白質與乳製品：
- 蔬菜類：
- 水果類：
- 油脂與堅果類：

飽足感
1 2 3 4 5 6 7 8 9 10
一點都不飽　　　　　　　　　　非常飽

**晚餐**

飢餓感
1 2 3 4 5 6 7 8 9 10
一點都不餓　　　　　　　　　　非常餓

- 全穀雜糧類：
- 蛋白質與乳製品：
- 蔬菜類：
- 水果類：
- 油脂與堅果類：

飽足感
1 2 3 4 5 6 7 8 9 10
一點都不飽　　　　　　　　　　非常飽

**其他**

飢餓感
1 2 3 4 5 6 7 8 9 10
一點都不餓　　　　　　　　　　非常餓

- 全穀雜糧類：
- 蛋白質與乳製品：
- 蔬菜類：
- 水果類：
- 油脂與堅果類：

飽足感
1 2 3 4 5 6 7 8 9 10
一點都不飽　　　　　　　　　　非常飽

**排便狀況：**
1 2 3 4 5 6 7

**今天心情紀錄**

# 飲食健康紀錄表

| 日期 | | | 🏃 今天運動了嗎？ | |
|---|---|---|---|---|
| 天氣 | ☀ ⛅ ☁ 🌧 | | ❖ 走路步數： | |
| 心情指數 | ♡ ♡ ♡ ♡ ♡ | | ❖ 運動項目： | |
| 睡眠時數 | | 小時 | ⏱ 運動時間： | |
| 自我評分 1-100 分 | | 分 | 🔥 消耗熱量： | |
| 早上體重 | 早上體脂 | 今日飲水量 | 目標體重 | 目標體脂 |
| 公斤 | % | CC. | 公斤 | % |

## 飲食紀錄

**早餐**

飢餓感
```
1   2   3   4   5   6   7   8   9   10
|---|---|---|---|---|---|---|---|---|
一點都不餓                          非常餓
```
🍽 全穀雜糧類：
🍽 蛋白質與乳製品：
🍽 蔬菜類：
🍽 水果類：
🍽 油脂與堅果類：

飽足感
```
1   2   3   4   5   6   7   8   9   10
|---|---|---|---|---|---|---|---|---|
一點都不飽                          非常飽
```

**午餐**

飢餓感
```
1   2   3   4   5   6   7   8   9   10
|---|---|---|---|---|---|---|---|---|
一點都不餓                          非常餓
```
🍽 全穀雜糧類：
🍽 蛋白質與乳製品：
🍽 蔬菜類：
🍽 水果類：
🍽 油脂與堅果類：

飽足感
```
1   2   3   4   5   6   7   8   9   10
|---|---|---|---|---|---|---|---|---|
一點都不飽                          非常飽
```

**晚餐**

飢餓感
```
1   2   3   4   5   6   7   8   9   10
|---|---|---|---|---|---|---|---|---|
一點都不餓                          非常餓
```
🍽 全穀雜糧類：
🍽 蛋白質與乳製品：
🍽 蔬菜類：
🍽 水果類：
🍽 油脂與堅果類：

飽足感
```
1   2   3   4   5   6   7   8   9   10
|---|---|---|---|---|---|---|---|---|
一點都不飽                          非常飽
```

**其他**

飢餓感
```
1   2   3   4   5   6   7   8   9   10
|---|---|---|---|---|---|---|---|---|
一點都不餓                          非常餓
```
🍽 全穀雜糧類：
🍽 蛋白質與乳製品：
🍽 蔬菜類：
🍽 水果類：
🍽 油脂與堅果類：

飽足感
```
1   2   3   4   5   6   7   8   9   10
|---|---|---|---|---|---|---|---|---|
一點都不飽                          非常飽
```

排便狀況：
| 1 | 2 | 3 | 4 | 5 | 6 | 7 |

今天心情紀錄

## 飲食健康紀錄表

| 日期 | | 🏃 今天運動了嗎？ | |
|---|---|---|---|
| 天氣 | ☀️ ⛅ ☁️ 🌧️ | ❖ 走路步數： | |
| 心情指數 | ♡ ♡ ♡ ♡ ♡ | ❖ 運動項目： | |
| 睡眠時數 | 小時 | 運動時間： | |
| 自我評分 1-100 分 | 分 | 消耗熱量： | |

| 早上體重 | 早上體脂 | 今日飲水量 | 目標體重 | 目標體脂 |
|---|---|---|---|---|
| 公斤 | % | CC. | 公斤 | % |

### 飲食紀錄

**早餐**

飢餓感
1　2　3　4　5　6　7　8　9　10
一點都不餓　　　　　　　　　　非常餓

🍽 全穀雜糧類：
🍽 蛋白質與乳製品：
🍽 蔬菜類：
🍽 水果類：
🍽 油脂與堅果類：

飽足感
1　2　3　4　5　6　7　8　9　10
一點都不飽　　　　　　　　　　非常飽

**午餐**

飢餓感
1　2　3　4　5　6　7　8　9　10
一點都不餓　　　　　　　　　　非常餓

🍽 全穀雜糧類：
🍽 蛋白質與乳製品：
🍽 蔬菜類：
🍽 水果類：
🍽 油脂與堅果類：

飽足感
1　2　3　4　5　6　7　8　9　10
一點都不飽　　　　　　　　　　非常飽

**晚餐**

飢餓感
1　2　3　4　5　6　7　8　9　10
一點都不餓　　　　　　　　　　非常餓

🍽 全穀雜糧類：
🍽 蛋白質與乳製品：
🍽 蔬菜類：
🍽 水果類：
🍽 油脂與堅果類：

飽足感
1　2　3　4　5　6　7　8　9　10
一點都不飽　　　　　　　　　　非常飽

**其他**

飢餓感
1　2　3　4　5　6　7　8　9　10
一點都不餓　　　　　　　　　　非常餓

🍽 全穀雜糧類：
🍽 蛋白質與乳製品：
🍽 蔬菜類：
🍽 水果類：
🍽 油脂與堅果類：

飽足感
1　2　3　4　5　6　7　8　9　10
一點都不飽　　　　　　　　　　非常飽

| 排便狀況： | 今天心情紀錄 |
|---|---|
| 1　2　3　4　5　6　7 | |

# 飲食健康紀錄表

| 日期 | | 今天運動了嗎？ | |
|---|---|---|---|
| 天氣 | ☀ ⛅ ☁ 🌧 | ❖ 走路步數： | |
| 心情指數 | ♡ ♡ ♡ ♡ ♡ | ❖ 運動項目： | |
| 睡眠時數 | 小時 | ⏱ 運動時間： | |
| 自我評分 1-100 分 | 分 | 🔥 消耗熱量： | |

| 早上體重 | 早上體脂 | 今日飲水量 | 目標體重 | 目標體脂 |
|---|---|---|---|---|
| 公斤 | % | CC. | 公斤 | % |

## 飲食紀錄

**早餐**

飢餓感
1　2　3　4　5　6　7　8　9　10
一點都不餓　　　　　　　　　非常餓

🍽 全穀雜糧類：
🍽 蛋白質與乳製品：
🍽 蔬菜類：
🍽 水果類：
🍽 油脂與堅果類：

飽足感
1　2　3　4　5　6　7　8　9　10
一點都不飽　　　　　　　　　非常飽

**午餐**

飢餓感
1　2　3　4　5　6　7　8　9　10
一點都不餓　　　　　　　　　非常餓

🍽 全穀雜糧類：
🍽 蛋白質與乳製品：
🍽 蔬菜類：
🍽 水果類：
🍽 油脂與堅果類：

飽足感
1　2　3　4　5　6　7　8　9　10
一點都不飽　　　　　　　　　非常飽

**晚餐**

飢餓感
1　2　3　4　5　6　7　8　9　10
一點都不餓　　　　　　　　　非常餓

🍽 全穀雜糧類：
🍽 蛋白質與乳製品：
🍽 蔬菜類：
🍽 水果類：
🍽 油脂與堅果類：

飽足感
1　2　3　4　5　6　7　8　9　10
一點都不飽　　　　　　　　　非常飽

**其他**

飢餓感
1　2　3　4　5　6　7　8　9　10
一點都不餓　　　　　　　　　非常餓

🍽 全穀雜糧類：
🍽 蛋白質與乳製品：
🍽 蔬菜類：
🍽 水果類：
🍽 油脂與堅果類：

飽足感
1　2　3　4　5　6　7　8　9　10
一點都不飽　　　　　　　　　非常飽

**排便狀況：**
| 1 | 2 | 3 | 4 | 5 | 6 | 7 |

**今天心情紀錄**

## 飲食健康紀錄表

| 日期 |  | 🏃 今天運動了嗎？ |  |
|---|---|---|---|
| 天氣 | ☀️ ⛅ ☁️ 🌧️ | ❖ 走路步數： |  |
| 心情指數 | ♡ ♡ ♡ ♡ ♡ | ❖ 運動項目： |  |
| 睡眠時數 | 小時 | ⏱️ 運動時間： |  |
| 自我評分 1-100 分 | 分 | 🔥 消耗熱量： |  |

| 早上體重 | 早上體脂 | 今日飲水量 | 目標體重 | 目標體脂 |
|---|---|---|---|---|
| 公斤 | % | CC. | 公斤 | % |

### 飲食紀錄

**早餐**

飢餓感
1　2　3　4　5　6　7　8　9　10
一點都不餓　　　　　　　　　　非常餓

🍚 全穀雜糧類：
🥚 蛋白質與乳製品：
🥬 蔬菜類：
🍎 水果類：
🥜 油脂與堅果類：

飽足感
1　2　3　4　5　6　7　8　9　10
一點都不飽　　　　　　　　　　非常飽

**午餐**

飢餓感
1　2　3　4　5　6　7　8　9　10
一點都不餓　　　　　　　　　　非常餓

🍚 全穀雜糧類：
🥚 蛋白質與乳製品：
🥬 蔬菜類：
🍎 水果類：
🥜 油脂與堅果類：

飽足感
1　2　3　4　5　6　7　8　9　10
一點都不飽　　　　　　　　　　非常飽

**晚餐**

飢餓感
1　2　3　4　5　6　7　8　9　10
一點都不餓　　　　　　　　　　非常餓

🍚 全穀雜糧類：
🥚 蛋白質與乳製品：
🥬 蔬菜類：
🍎 水果類：
🥜 油脂與堅果類：

飽足感
1　2　3　4　5　6　7　8　9　10
一點都不飽　　　　　　　　　　非常飽

**其他**

飢餓感
1　2　3　4　5　6　7　8　9　10
一點都不餓　　　　　　　　　　非常餓

🍚 全穀雜糧類：
🥚 蛋白質與乳製品：
🥬 蔬菜類：
🍎 水果類：
🥜 油脂與堅果類：

飽足感
1　2　3　4　5　6　7　8　9　10
一點都不飽　　　　　　　　　　非常飽

**排便狀況：**
| 1 | 2 | 3 | 4 | 5 | 6 | 7 |

**今天心情紀錄**

## 飲食健康紀錄表

| 日期 | | | 今天運動了嗎？ | |
|---|---|---|---|---|
| 天氣 | ☀ ⛅ ☁ ☂ | | 走路步數： | |
| 心情指數 | ♡ ♡ ♡ ♡ ♡ | | 運動項目： | |
| 睡眠時數 | | 小時 | 運動時間： | |
| 自我評分 1-100 分 | | 分 | 消耗熱量： | |

| 早上體重 | 早上體脂 | 今日飲水量 | 目標體重 | 目標體脂 |
|---|---|---|---|---|
| 公斤 | % | CC. | 公斤 | % |

### 飲食紀錄

**早餐**

飢餓感
1　2　3　4　5　6　7　8　9　10
一點都不餓　　　　　　　　　非常餓

- 全穀雜糧類：
- 蛋白質與乳製品：
- 蔬菜類：
- 水果類：
- 油脂與堅果類：

飽足感
1　2　3　4　5　6　7　8　9　10
一點都不飽　　　　　　　　　非常飽

**午餐**

飢餓感
1　2　3　4　5　6　7　8　9　10
一點都不餓　　　　　　　　　非常餓

- 全穀雜糧類：
- 蛋白質與乳製品：
- 蔬菜類：
- 水果類：
- 油脂與堅果類：

飽足感
1　2　3　4　5　6　7　8　9　10
一點都不飽　　　　　　　　　非常飽

**晚餐**

飢餓感
1　2　3　4　5　6　7　8　9　10
一點都不餓　　　　　　　　　非常餓

- 全穀雜糧類：
- 蛋白質與乳製品：
- 蔬菜類：
- 水果類：
- 油脂與堅果類：

飽足感
1　2　3　4　5　6　7　8　9　10
一點都不飽　　　　　　　　　非常飽

**其他**

飢餓感
1　2　3　4　5　6　7　8　9　10
一點都不餓　　　　　　　　　非常餓

- 全穀雜糧類：
- 蛋白質與乳製品：
- 蔬菜類：
- 水果類：
- 油脂與堅果類：

飽足感
1　2　3　4　5　6　7　8　9　10
一點都不飽　　　　　　　　　非常飽

排便狀況：

| 1 | 2 | 3 | 4 | 5 | 6 | 7 |

今天心情紀錄

## 飲食健康紀錄表

| 日期 | | | 今天運動了嗎？ | |
|---|---|---|---|---|
| 天氣 | ☀ ⛅ ☁ ☂ | | 走路步數： | |
| 心情指數 | ♡ ♡ ♡ ♡ ♡ | | 運動項目： | |
| 睡眠時數 | | 小時 | 運動時間： | |
| 自我評分 1-100 分 | | 分 | 消耗熱量： | |

| 早上體重 | 早上體脂 | 今日飲水量 | 目標體重 | 目標體脂 |
|---|---|---|---|---|
| 公斤 | % | CC. | 公斤 | % |

### 飲食紀錄

**早餐**

飢餓感
1　2　3　4　5　6　7　8　9　10
一點都不餓　　　　　　　　　非常餓

- 全穀雜糧類：
- 蛋白質與乳製品：
- 蔬菜類：
- 水果類：
- 油脂與堅果類：

飽足感
1　2　3　4　5　6　7　8　9　10
一點都不飽　　　　　　　　　非常飽

**午餐**

飢餓感
1　2　3　4　5　6　7　8　9　10
一點都不餓　　　　　　　　　非常餓

- 全穀雜糧類：
- 蛋白質與乳製品：
- 蔬菜類：
- 水果類：
- 油脂與堅果類：

飽足感
1　2　3　4　5　6　7　8　9　10
一點都不飽　　　　　　　　　非常飽

**晚餐**

飢餓感
1　2　3　4　5　6　7　8　9　10
一點都不餓　　　　　　　　　非常餓

- 全穀雜糧類：
- 蛋白質與乳製品：
- 蔬菜類：
- 水果類：
- 油脂與堅果類：

飽足感
1　2　3　4　5　6　7　8　9　10
一點都不飽　　　　　　　　　非常飽

**其他**

飢餓感
1　2　3　4　5　6　7　8　9　10
一點都不餓　　　　　　　　　非常餓

- 全穀雜糧類：
- 蛋白質與乳製品：
- 蔬菜類：
- 水果類：
- 油脂與堅果類：

飽足感
1　2　3　4　5　6　7　8　9　10
一點都不飽　　　　　　　　　非常飽

排便狀況：

| 1 | 2 | 3 | 4 | 5 | 6 | 7 |
|---|---|---|---|---|---|---|

今天心情紀錄

## 飲食健康紀錄表

| 日期 | | | 今天運動了嗎？ | |
|---|---|---|---|---|
| 天氣 | ☀ ⛅ ☁ 🌧 | | 走路步數： | |
| 心情指數 | ♡ ♡ ♡ ♡ ♡ | | 運動項目： | |
| 睡眠時數 | | 小時 | 運動時間： | |
| 自我評分 1-100 分 | | 分 | 消耗熱量： | |
| 早上體重 | 早上體脂 | 今日飲水量 | 目標體重 | 目標體脂 |
| 公斤 | % | CC. | 公斤 | % |

### 飲食紀錄

**早餐**

飢餓感
1　2　3　4　5　6　7　8　9　10
一點都不餓　　　　　　　　　　　非常餓

- 全穀雜糧類：
- 蛋白質與乳製品：
- 蔬菜類：
- 水果類：
- 油脂與堅果類：

飽足感
1　2　3　4　5　6　7　8　9　10
一點都不飽　　　　　　　　　　　非常飽

**午餐**

飢餓感
1　2　3　4　5　6　7　8　9　10
一點都不餓　　　　　　　　　　　非常餓

- 全穀雜糧類：
- 蛋白質與乳製品：
- 蔬菜類：
- 水果類：
- 油脂與堅果類：

飽足感
1　2　3　4　5　6　7　8　9　10
一點都不飽　　　　　　　　　　　非常飽

**晚餐**

飢餓感
1　2　3　4　5　6　7　8　9　10
一點都不餓　　　　　　　　　　　非常餓

- 全穀雜糧類：
- 蛋白質與乳製品：
- 蔬菜類：
- 水果類：
- 油脂與堅果類：

飽足感
1　2　3　4　5　6　7　8　9　10
一點都不飽　　　　　　　　　　　非常飽

**其他**

飢餓感
1　2　3　4　5　6　7　8　9　10
一點都不餓　　　　　　　　　　　非常餓

- 全穀雜糧類：
- 蛋白質與乳製品：
- 蔬菜類：
- 水果類：
- 油脂與堅果類：

飽足感
1　2　3　4　5　6　7　8　9　10
一點都不飽　　　　　　　　　　　非常飽

排便狀況： 1 2 3 4 5 6 7

今天心情紀錄

# 飲食健康紀錄表

| 日期 | | | 🏃 今天運動了嗎？ | |
|---|---|---|---|---|
| 天氣 | ☀️ ⛅ ☁️ 🌧️ | | ❖ 走路步數： | |
| 心情指數 | ♡ ♡ ♡ ♡ ♡ | | ❖ 運動項目： | |
| 睡眠時數 | | 小時 | ⏲️ 運動時間： | |
| 自我評分 1-100 分 | | 分 | 🔥 消耗熱量： | |

| 早上體重 | 早上體脂 | 今日飲水量 | 目標體重 | 目標體脂 |
|---|---|---|---|---|
| 公斤 | % | CC. | 公斤 | % |

## 飲食紀錄

### 早餐

**飢餓感**
1  2  3  4  5  6  7  8  9  10
一點都不餓　　　　　　　　　非常餓

🍽️ 全穀雜糧類：
🍽️ 蛋白質與乳製品：
🍽️ 蔬菜類：
🍽️ 水果類：
🍽️ 油脂與堅果類：

**飽足感**
1  2  3  4  5  6  7  8  9  10
一點都不飽　　　　　　　　　非常飽

### 午餐

**飢餓感**
1  2  3  4  5  6  7  8  9  10
一點都不餓　　　　　　　　　非常餓

🍽️ 全穀雜糧類：
🍽️ 蛋白質與乳製品：
🍽️ 蔬菜類：
🍽️ 水果類：
🍽️ 油脂與堅果類：

**飽足感**
1  2  3  4  5  6  7  8  9  10
一點都不飽　　　　　　　　　非常飽

### 晚餐

**飢餓感**
1  2  3  4  5  6  7  8  9  10
一點都不餓　　　　　　　　　非常餓

🍽️ 全穀雜糧類：
🍽️ 蛋白質與乳製品：
🍽️ 蔬菜類：
🍽️ 水果類：
🍽️ 油脂與堅果類：

**飽足感**
1  2  3  4  5  6  7  8  9  10
一點都不飽　　　　　　　　　非常飽

### 其他

**飢餓感**
1  2  3  4  5  6  7  8  9  10
一點都不餓　　　　　　　　　非常餓

🍽️ 全穀雜糧類：
🍽️ 蛋白質與乳製品：
🍽️ 蔬菜類：
🍽️ 水果類：
🍽️ 油脂與堅果類：

**飽足感**
1  2  3  4  5  6  7  8  9  10
一點都不飽　　　　　　　　　非常飽

排便狀況：
1 2 3 4 5 6 7

今天心情紀錄

## 飲食健康紀錄表

| 日期 | | | | |
|---|---|---|---|---|
| 天氣 | ☀ ⛅ ☁ 🌧 | | 今天運動了嗎？ | |
| 心情指數 | ♡ ♡ ♡ ♡ ♡ | | ❖ 走路步數： | |
| 睡眠時數 | | 小時 | ❖ 運動項目： | |
| 自我評分 1-100 分 | | 分 | 運動時間： | |
| | | | 消耗熱量： | |

| 早上體重 | 早上體脂 | 今日飲水量 | 目標體重 | 目標體脂 |
|---|---|---|---|---|
| 公斤 | % | CC. | 公斤 | % |

### 飲食紀錄

**早餐**

飢餓感
1　2　3　4　5　6　7　8　9　10
一點都不餓　　　　　　　　　　非常餓

- 全穀雜糧類：
- 蛋白質與乳製品：
- 蔬菜類：
- 水果類：
- 油脂與堅果類：

飽足感
1　2　3　4　5　6　7　8　9　10
一點都不飽　　　　　　　　　　非常飽

**午餐**

飢餓感
1　2　3　4　5　6　7　8　9　10
一點都不餓　　　　　　　　　　非常餓

- 全穀雜糧類：
- 蛋白質與乳製品：
- 蔬菜類：
- 水果類：
- 油脂與堅果類：

飽足感
1　2　3　4　5　6　7　8　9　10
一點都不飽　　　　　　　　　　非常飽

**晚餐**

飢餓感
1　2　3　4　5　6　7　8　9　10
一點都不餓　　　　　　　　　　非常餓

- 全穀雜糧類：
- 蛋白質與乳製品：
- 蔬菜類：
- 水果類：
- 油脂與堅果類：

飽足感
1　2　3　4　5　6　7　8　9　10
一點都不飽　　　　　　　　　　非常飽

**其他**

飢餓感
1　2　3　4　5　6　7　8　9　10
一點都不餓　　　　　　　　　　非常餓

- 全穀雜糧類：
- 蛋白質與乳製品：
- 蔬菜類：
- 水果類：
- 油脂與堅果類：

飽足感
1　2　3　4　5　6　7　8　9　10
一點都不飽　　　　　　　　　　非常飽

排便狀況：　　今天心情紀錄

| 1 | 2 | 3 | 4 | 5 | 6 | 7 |

## 飲食健康紀錄表

| 日期 |  |  | 今天運動了嗎？ |  |
|---|---|---|---|---|
| 天氣 | ☀ ⛅ ☁ ☂ |  | ❖ 走路步數： |  |
| 心情指數 | ♡ ♡ ♡ ♡ ♡ |  | ❖ 運動項目： |  |
| 睡眠時數 |  | 小時 | 運動時間： |  |
| 自我評分 1-100 分 |  | 分 | 消耗熱量： |  |

| 早上體重 | 早上體脂 | 今日飲水量 | 目標體重 | 目標體脂 |
|---|---|---|---|---|
| 公斤 | % | CC. | 公斤 | % |

### 飲食紀錄

**早餐**

飢餓感
1　2　3　4　5　6　7　8　9　10
一點都不餓　　　　　　　　　　　非常餓

- 全穀雜糧類：
- 蛋白質與乳製品：
- 蔬菜類：
- 水果類：
- 油脂與堅果類：

飽足感
1　2　3　4　5　6　7　8　9　10
一點都不飽　　　　　　　　　　　非常飽

**午餐**

飢餓感
1　2　3　4　5　6　7　8　9　10
一點都不餓　　　　　　　　　　　非常餓

- 全穀雜糧類：
- 蛋白質與乳製品：
- 蔬菜類：
- 水果類：
- 油脂與堅果類：

飽足感
1　2　3　4　5　6　7　8　9　10
一點都不飽　　　　　　　　　　　非常飽

**晚餐**

飢餓感
1　2　3　4　5　6　7　8　9　10
一點都不餓　　　　　　　　　　　非常餓

- 全穀雜糧類：
- 蛋白質與乳製品：
- 蔬菜類：
- 水果類：
- 油脂與堅果類：

飽足感
1　2　3　4　5　6　7　8　9　10
一點都不飽　　　　　　　　　　　非常飽

**其他**

飢餓感
1　2　3　4　5　6　7　8　9　10
一點都不餓　　　　　　　　　　　非常餓

- 全穀雜糧類：
- 蛋白質與乳製品：
- 蔬菜類：
- 水果類：
- 油脂與堅果類：

飽足感
1　2　3　4　5　6　7　8　9　10
一點都不飽　　　　　　　　　　　非常飽

排便狀況：
1 2 3 4 5 6 7

今天心情紀錄

# 飲食健康紀錄表

| 日期 | | 今天運動了嗎？ | |
|---|---|---|---|
| 天氣 | ☀ ⛅ ☁ 🌧 | ❖ 走路步數： | |
| 心情指數 | ♡ ♡ ♡ ♡ ♡ | ❖ 運動項目： | |
| 睡眠時數 | 小時 | ⏱ 運動時間： | |
| 自我評分 1-100 分 | 分 | 🔥 消耗熱量： | |

| 早上體重 | 早上體脂 | 今日飲水量 | 目標體重 | 目標體脂 |
|---|---|---|---|---|
| 公斤 | % | CC. | 公斤 | % |

## 飲食紀錄

### 早餐
**飢餓感**
1  2  3  4  5  6  7  8  9  10
一點都不餓                    非常餓

- 全穀雜糧類：
- 蛋白質與乳製品：
- 蔬菜類：
- 水果類：
- 油脂與堅果類：

**飽足感**
1  2  3  4  5  6  7  8  9  10
一點都不飽                    非常飽

### 午餐
**飢餓感**
1  2  3  4  5  6  7  8  9  10
一點都不餓                    非常餓

- 全穀雜糧類：
- 蛋白質與乳製品：
- 蔬菜類：
- 水果類：
- 油脂與堅果類：

**飽足感**
1  2  3  4  5  6  7  8  9  10
一點都不飽                    非常飽

### 晚餐
**飢餓感**
1  2  3  4  5  6  7  8  9  10
一點都不餓                    非常餓

- 全穀雜糧類：
- 蛋白質與乳製品：
- 蔬菜類：
- 水果類：
- 油脂與堅果類：

**飽足感**
1  2  3  4  5  6  7  8  9  10
一點都不飽                    非常飽

### 其他
**飢餓感**
1  2  3  4  5  6  7  8  9  10
一點都不餓                    非常餓

- 全穀雜糧類：
- 蛋白質與乳製品：
- 蔬菜類：
- 水果類：
- 油脂與堅果類：

**飽足感**
1  2  3  4  5  6  7  8  9  10
一點都不飽                    非常飽

**排便狀況：** 1 2 3 4 5 6 7

**今天心情紀錄**

### 飲食健康紀錄表

| 日期 | | | 今天運動了嗎？ | |
|---|---|---|---|---|
| 天氣 | ☀ ⛅ ☁ 🌧 | | 走路步數： | |
| 心情指數 | ♡ ♡ ♡ ♡ ♡ | | 運動項目： | |
| 睡眠時數 | | 小時 | 運動時間： | |
| 自我評分 1-100 分 | | 分 | 消耗熱量： | |

| 早上體重 | 早上體脂 | 今日飲水量 | 目標體重 | 目標體脂 |
|---|---|---|---|---|
| 公斤 | % | CC. | 公斤 | % |

### 飲食紀錄

**早餐**

飢餓感
1　2　3　4　5　6　7　8　9　10
一點都不餓　　　　　　　　　非常餓

- 全穀雜糧類：
- 蛋白質與乳製品：
- 蔬菜類：
- 水果類：
- 油脂與堅果類：

飽足感
1　2　3　4　5　6　7　8　9　10
一點都不飽　　　　　　　　　非常飽

**午餐**

飢餓感
1　2　3　4　5　6　7　8　9　10
一點都不餓　　　　　　　　　非常餓

- 全穀雜糧類：
- 蛋白質與乳製品：
- 蔬菜類：
- 水果類：
- 油脂與堅果類：

飽足感
1　2　3　4　5　6　7　8　9　10
一點都不飽　　　　　　　　　非常飽

**晚餐**

飢餓感
1　2　3　4　5　6　7　8　9　10
一點都不餓　　　　　　　　　非常餓

- 全穀雜糧類：
- 蛋白質與乳製品：
- 蔬菜類：
- 水果類：
- 油脂與堅果類：

飽足感
1　2　3　4　5　6　7　8　9　10
一點都不飽　　　　　　　　　非常飽

**其他**

飢餓感
1　2　3　4　5　6　7　8　9　10
一點都不餓　　　　　　　　　非常餓

- 全穀雜糧類：
- 蛋白質與乳製品：
- 蔬菜類：
- 水果類：
- 油脂與堅果類：

飽足感
1　2　3　4　5　6　7　8　9　10
一點都不飽　　　　　　　　　非常飽

排便狀況：
| 1 | 2 | 3 | 4 | 5 | 6 | 7 |

今天心情紀錄

## 飲食健康紀錄表

| 日期 | | | 今天運動了嗎？ | |
|---|---|---|---|---|
| 天氣 | ☀ ⛅ ☁ 🌧 | | 走路步數： | |
| 心情指數 | ♡ ♡ ♡ ♡ ♡ | | 運動項目： | |
| 睡眠時數 | | 小時 | 運動時間： | |
| 自我評分 **1-100** 分 | | 分 | 消耗熱量： | |

| 早上體重 | 早上體脂 | 今日飲水量 | 目標體重 | 目標體脂 |
|---|---|---|---|---|
| 公斤 | % | CC. | 公斤 | % |

### 飲食紀錄

**早餐**

飢餓感
1　2　3　4　5　6　7　8　9　10
一點都不餓　　　　　　　　　非常餓

- 全穀雜糧類：
- 蛋白質與乳製品：
- 蔬菜類：
- 水果類：
- 油脂與堅果類：

飽足感
1　2　3　4　5　6　7　8　9　10
一點都不飽　　　　　　　　　非常飽

**午餐**

飢餓感
1　2　3　4　5　6　7　8　9　10
一點都不餓　　　　　　　　　非常餓

- 全穀雜糧類：
- 蛋白質與乳製品：
- 蔬菜類：
- 水果類：
- 油脂與堅果類：

飽足感
1　2　3　4　5　6　7　8　9　10
一點都不飽　　　　　　　　　非常飽

**晚餐**

飢餓感
1　2　3　4　5　6　7　8　9　10
一點都不餓　　　　　　　　　非常餓

- 全穀雜糧類：
- 蛋白質與乳製品：
- 蔬菜類：
- 水果類：
- 油脂與堅果類：

飽足感
1　2　3　4　5　6　7　8　9　10
一點都不飽　　　　　　　　　非常飽

**其他**

飢餓感
1　2　3　4　5　6　7　8　9　10
一點都不餓　　　　　　　　　非常餓

- 全穀雜糧類：
- 蛋白質與乳製品：
- 蔬菜類：
- 水果類：
- 油脂與堅果類：

飽足感
1　2　3　4　5　6　7　8　9　10
一點都不飽　　　　　　　　　非常飽

排便狀況：

| 1 | 2 | 3 | 4 | 5 | 6 | 7 |

今天心情紀錄

# 飲食健康紀錄表

| 日期 |  |  | 今天運動了嗎？ |  |
|---|---|---|---|---|
| 天氣 | ☀ ⛅ ☁ 🌧 |  | ❖ 走路步數： |  |
| 心情指數 | ♡ ♡ ♡ ♡ ♡ |  | ❖ 運動項目： |  |
| 睡眠時數 |  | 小時 | ⏱ 運動時間： |  |
| 自我評分 1-100 分 |  | 分 | 🔥 消耗熱量： |  |

| 早上體重 | 早上體脂 | 今日飲水量 | 目標體重 | 目標體脂 |
|---|---|---|---|---|
| 公斤 | % | CC. | 公斤 | % |

## 飲食紀錄

### 早餐

**飢餓感**
1　2　3　4　5　6　7　8　9　10
一點都不餓　　　　　　　　　非常餓

- 全穀雜糧類：
- 蛋白質與乳製品：
- 蔬菜類：
- 水果類：
- 油脂與堅果類：

**飽足感**
1　2　3　4　5　6　7　8　9　10
一點都不飽　　　　　　　　　非常飽

### 午餐

**飢餓感**
1　2　3　4　5　6　7　8　9　10
一點都不餓　　　　　　　　　非常餓

- 全穀雜糧類：
- 蛋白質與乳製品：
- 蔬菜類：
- 水果類：
- 油脂與堅果類：

**飽足感**
1　2　3　4　5　6　7　8　9　10
一點都不飽　　　　　　　　　非常飽

### 晚餐

**飢餓感**
1　2　3　4　5　6　7　8　9　10
一點都不餓　　　　　　　　　非常餓

- 全穀雜糧類：
- 蛋白質與乳製品：
- 蔬菜類：
- 水果類：
- 油脂與堅果類：

**飽足感**
1　2　3　4　5　6　7　8　9　10
一點都不飽　　　　　　　　　非常飽

### 其他

**飢餓感**
1　2　3　4　5　6　7　8　9　10
一點都不餓　　　　　　　　　非常餓

- 全穀雜糧類：
- 蛋白質與乳製品：
- 蔬菜類：
- 水果類：
- 油脂與堅果類：

**飽足感**
1　2　3　4　5　6　7　8　9　10
一點都不飽　　　　　　　　　非常飽

| 排便狀況： | 今天心情紀錄 |
|---|---|
| 1　2　3　4　5　6　7 |  |

# 飲食健康紀錄表

| 日期 | | | 今天運動了嗎？ | |
|---|---|---|---|---|
| 天氣 | ☀ ⛅ ☁ 🌧 | | ❖ 走路步數： | |
| 心情指數 | ♡ ♡ ♡ ♡ ♡ | | ❖ 運動項目： | |
| 睡眠時數 | | 小時 | ⏱ 運動時間： | |
| 自我評分 1-100 分 | | 分 | 🔥 消耗熱量： | |

| 早上體重 | 早上體脂 | 今日飲水量 | 目標體重 | 目標體脂 |
|---|---|---|---|---|
| 公斤 | % | CC. | 公斤 | % |

## 飲食紀錄

**早餐**

飢餓感
1　2　3　4　5　6　7　8　9　10
一點都不餓　　　　　　　　　　非常餓

🍽 全穀雜糧類：
🍽 蛋白質與乳製品：
🍽 蔬菜類：
🍽 水果類：
🍽 油脂與堅果類：

飽足感
1　2　3　4　5　6　7　8　9　10
一點都不飽　　　　　　　　　　非常飽

**午餐**

飢餓感
1　2　3　4　5　6　7　8　9　10
一點都不餓　　　　　　　　　　非常餓

🍽 全穀雜糧類：
🍽 蛋白質與乳製品：
🍽 蔬菜類：
🍽 水果類：
🍽 油脂與堅果類：

飽足感
1　2　3　4　5　6　7　8　9　10
一點都不飽　　　　　　　　　　非常飽

**晚餐**

飢餓感
1　2　3　4　5　6　7　8　9　10
一點都不餓　　　　　　　　　　非常餓

🍽 全穀雜糧類：
🍽 蛋白質與乳製品：
🍽 蔬菜類：
🍽 水果類：
🍽 油脂與堅果類：

飽足感
1　2　3　4　5　6　7　8　9　10
一點都不飽　　　　　　　　　　非常飽

**其他**

飢餓感
1　2　3　4　5　6　7　8　9　10
一點都不餓　　　　　　　　　　非常餓

🍽 全穀雜糧類：
🍽 蛋白質與乳製品：
🍽 蔬菜類：
🍽 水果類：
🍽 油脂與堅果類：

飽足感
1　2　3　4　5　6　7　8　9　10
一點都不飽　　　　　　　　　　非常飽

| 排便狀況： | 今天心情紀錄 |
|---|---|
| 1　2　3　4　5　6　7 | |

## 飲食健康紀錄表

| 日期 | | | 今天運動了嗎？ | |
|---|---|---|---|---|
| 天氣 | ☀ ⛅ ☁ 🌧 | | 走路步數： | |
| 心情指數 | ♡ ♡ ♡ ♡ ♡ | | 運動項目： | |
| 睡眠時數 | | 小時 | 運動時間： | |
| 自我評分 1-100 分 | | 分 | 消耗熱量： | |

| 早上體重 | 早上體脂 | 今日飲水量 | 目標體重 | 目標體脂 |
|---|---|---|---|---|
| 公斤 | % | CC. | 公斤 | % |

### 飲食紀錄

**早餐**

飢餓感
1　2　3　4　5　6　7　8　9　10
一點都不餓　　　　　　　　　非常餓

- 全穀雜糧類：
- 蛋白質與乳製品：
- 蔬菜類：
- 水果類：
- 油脂與堅果類：

飽足感
1　2　3　4　5　6　7　8　9　10
一點都不飽　　　　　　　　　非常飽

**午餐**

飢餓感
1　2　3　4　5　6　7　8　9　10
一點都不餓　　　　　　　　　非常餓

- 全穀雜糧類：
- 蛋白質與乳製品：
- 蔬菜類：
- 水果類：
- 油脂與堅果類：

飽足感
1　2　3　4　5　6　7　8　9　10
一點都不飽　　　　　　　　　非常飽

**晚餐**

飢餓感
1　2　3　4　5　6　7　8　9　10
一點都不餓　　　　　　　　　非常餓

- 全穀雜糧類：
- 蛋白質與乳製品：
- 蔬菜類：
- 水果類：
- 油脂與堅果類：

飽足感
1　2　3　4　5　6　7　8　9　10
一點都不飽　　　　　　　　　非常飽

**其他**

飢餓感
1　2　3　4　5　6　7　8　9　10
一點都不餓　　　　　　　　　非常餓

- 全穀雜糧類：
- 蛋白質與乳製品：
- 蔬菜類：
- 水果類：
- 油脂與堅果類：

飽足感
1　2　3　4　5　6　7　8　9　10
一點都不飽　　　　　　　　　非常飽

| 排便狀況： | 今天心情紀錄 |
|---|---|
| 1　2　3　4　5　6 | |

# 飲食健康紀錄表

| 日期 | | 🏃 今天運動了嗎？ | |
|---|---|---|---|
| 天氣 | ☀ ⛅ ☁ 🌧 | ❖ 走路步數： | |
| 心情指數 | ♡ ♡ ♡ ♡ ♡ | ❖ 運動項目： | |
| 睡眠時數 | 小時 | ⏲ 運動時間： | |
| 自我評分 1-100 分 | 分 | 🔥 消耗熱量： | |

| 早上體重 | | 早上體脂 | | 今日飲水量 | | 目標體重 | | 目標體脂 | |
|---|---|---|---|---|---|---|---|---|---|
| 公斤 | | % | | CC. | | 公斤 | | % | |

## 飲食紀錄

**早餐**

飢餓感
1　2　3　4　5　6　7　8　9　10
一點都不餓　　　　　　　　　　非常餓

🍽 全穀雜糧類：
🍽 蛋白質與乳製品：
🍽 蔬菜類：
🍽 水果類：
🍽 油脂與堅果類：

飽足感
1　2　3　4　5　6　7　8　9　10
一點都不飽　　　　　　　　　　非常飽

**午餐**

飢餓感
1　2　3　4　5　6　7　8　9　10
一點都不餓　　　　　　　　　　非常餓

🍽 全穀雜糧類：
🍽 蛋白質與乳製品：
🍽 蔬菜類：
🍽 水果類：
🍽 油脂與堅果類：

飽足感
1　2　3　4　5　6　7　8　9　10
一點都不飽　　　　　　　　　　非常飽

**晚餐**

飢餓感
1　2　3　4　5　6　7　8　9　10
一點都不餓　　　　　　　　　　非常餓

🍽 全穀雜糧類：
🍽 蛋白質與乳製品：
🍽 蔬菜類：
🍽 水果類：
🍽 油脂與堅果類：

飽足感
1　2　3　4　5　6　7　8　9　10
一點都不飽　　　　　　　　　　非常飽

**其他**

飢餓感
1　2　3　4　5　6　7　8　9　10
一點都不餓　　　　　　　　　　非常餓

🍽 全穀雜糧類：
🍽 蛋白質與乳製品：
🍽 蔬菜類：
🍽 水果類：
🍽 油脂與堅果類：

飽足感
1　2　3　4　5　6　7　8　9　10
一點都不飽　　　　　　　　　　非常飽

**排便狀況：**
1　2　3　4　5　6　7

**今天心情紀錄**

## 飲食健康紀錄表

| 日期 | | 今天運動了嗎？ | |
|---|---|---|---|
| 天氣 | ☀ ⛅ ☁ ☂ | 走路步數： | |
| 心情指數 | ♡ ♡ ♡ ♡ ♡ | 運動項目： | |
| 睡眠時數 | 小時 | 運動時間： | |
| 自我評分 1-100 分 | 分 | 消耗熱量： | |

| 早上體重 | 早上體脂 | 今日飲水量 | 目標體重 | 目標體脂 |
|---|---|---|---|---|
| 公斤 | % | CC. | 公斤 | % |

### 飲食紀錄

**早餐**

飢餓感
1　2　3　4　5　6　7　8　9　10
一點都不餓　　　　　　　　　非常餓

🍽 全穀雜糧類：
🍽 蛋白質與乳製品：
🍽 蔬菜類：
🍽 水果類：
🍽 油脂與堅果類：

飽足感
1　2　3　4　5　6　7　8　9　10
一點都不飽　　　　　　　　　非常飽

**午餐**

飢餓感
1　2　3　4　5　6　7　8　9　10
一點都不餓　　　　　　　　　非常餓

🍽 全穀雜糧類：
🍽 蛋白質與乳製品：
🍽 蔬菜類：
🍽 水果類：
🍽 油脂與堅果類：

飽足感
1　2　3　4　5　6　7　8　9　10
一點都不飽　　　　　　　　　非常飽

**晚餐**

飢餓感
1　2　3　4　5　6　7　8　9　10
一點都不餓　　　　　　　　　非常餓

🍽 全穀雜糧類：
🍽 蛋白質與乳製品：
🍽 蔬菜類：
🍽 水果類：
🍽 油脂與堅果類：

飽足感
1　2　3　4　5　6　7　8　9　10
一點都不飽　　　　　　　　　非常飽

**其他**

飢餓感
1　2　3　4　5　6　7　8　9　10
一點都不餓　　　　　　　　　非常餓

🍽 全穀雜糧類：
🍽 蛋白質與乳製品：
🍽 蔬菜類：
🍽 水果類：
🍽 油脂與堅果類：

飽足感
1　2　3　4　5　6　7　8　9　10
一點都不飽　　　　　　　　　非常飽

排便狀況：
| 1 | 2 | 3 | 4 | 5 | 6 | 7 |

今天心情紀錄

## 飲食健康紀錄表

| 日期 | | | 🏃 今天運動了嗎？ | |
|---|---|---|---|---|
| 天氣 | ☀ ⛅ ☁ 🌧 | | ❖ 走路步數： | |
| 心情指數 | ♡ ♡ ♡ ♡ ♡ | | ❖ 運動項目： | |
| 睡眠時數 | | 小時 | ⏱ 運動時間： | |
| 自我評分 1-100 分 | | 分 | 🔥 消耗熱量： | |

| 早上體重 | 早上體脂 | 今日飲水量 | 目標體重 | 目標體脂 |
|---|---|---|---|---|
| 公斤 | % | CC. | 公斤 | % |

### 飲食紀錄

**早餐**

飢餓感
1　2　3　4　5　6　7　8　9　10
一點都不餓　　　　　　　　　　非常餓

🍴 全穀雜糧類：
🍴 蛋白質與乳製品：
🍴 蔬菜類：
🍴 水果類：
🍴 油脂與堅果類：

飽足感
1　2　3　4　5　6　7　8　9　10
一點都不飽　　　　　　　　　　非常飽

**午餐**

飢餓感
1　2　3　4　5　6　7　8　9　10
一點都不餓　　　　　　　　　　非常餓

🍴 全穀雜糧類：
🍴 蛋白質與乳製品：
🍴 蔬菜類：
🍴 水果類：
🍴 油脂與堅果類：

飽足感
1　2　3　4　5　6　7　8　9　10
一點都不飽　　　　　　　　　　非常飽

**晚餐**

飢餓感
1　2　3　4　5　6　7　8　9　10
一點都不餓　　　　　　　　　　非常餓

🍴 全穀雜糧類：
🍴 蛋白質與乳製品：
🍴 蔬菜類：
🍴 水果類：
🍴 油脂與堅果類：

飽足感
1　2　3　4　5　6　7　8　9　10
一點都不飽　　　　　　　　　　非常飽

**其他**

飢餓感
1　2　3　4　5　6　7　8　9　10
一點都不餓　　　　　　　　　　非常餓

🍴 全穀雜糧類：
🍴 蛋白質與乳製品：
🍴 蔬菜類：
🍴 水果類：
🍴 油脂與堅果類：

飽足感
1　2　3　4　5　6　7　8　9　10
一點都不飽　　　　　　　　　　非常飽

排便狀況： | 今天心情紀錄
1 2 3 4 5 6

## 05 飲食與健康狀況自我檢測

在記錄飲食後,你可能會發現一些健康上的疑問或困擾。這裡整理出 10 個最常見的身體訊號,如果你有以下狀況,可能代表你的飲食習慣或身體機能需要調整。但每個人的體質與飲食狀況不同,問題的成因可能因人而異。

請檢視你是否符合以下飲食健康狀況:

1. **用餐不規律**:經常忘記吃飯,記錄時才發現漏餐?
2. **斷食適應問題**:你正在執行 168 斷食或特殊飲食法,但不確定是否適合自己?
3. **飢餓與飽足感異常**:經常想吃東西但不是真的餓?吃一點就覺得飽,又容易暴飲暴食?
4. **水分攝取不足**:每天喝水少於 2000 毫升?擔心水腫或體重上升而不敢喝水?
5. **飲食不均衡**:幾乎不吃全穀、蔬菜、水果或飲食特別偏重某一類食物?
6. **食物分類困擾**:你經常吃的食物(如:披薩、蛋黃酥、火鍋料)無法明確歸類,影響飲食紀錄?
7. **排便異常**:排便型態長期不在布里斯托分類法的 3～5 型,或超過 3 天才排便一次?
8. **腸胃不適**:經常放臭屁、脹氣、腸胃不舒服?
9. **睡眠品質不佳**:睡眠時數不足或睡再久仍感到疲憊?
10. **不了解自己的健康目標**:你不清楚自己的理想體重、體脂範圍,或想知道適合自己的飲食模式?

建議記錄 3 週飲食狀況,如果符合 3 項以上,建議你可以諮詢專業營養師進行個人化調整,或掃描書籍前折口上的 QR Code,獲得更多補充資料。如果你在實踐飲食覺察後有心得,也歡迎與我們交流!

## 06 找出你的金錢信念

目標：回顧你的童年與成長經驗，發現金錢信念的根源。

**1. 你對金錢的第一個記憶是什麼？這讓你覺得安心還是不安？**

_____

_____

**2. 你的家人如何談論金錢？**（例如：「我們家買不起」、「賺錢很難」）

_____

_____

**3. 你曾經因為錢經歷過什麼重大事件？這對你的金錢觀造成什麼影響？**

_____

_____

🔍 金錢信念測試（請勾選）：

☐ 討厭為錢工作
☐ 覺得錢很髒，比馬桶裡的細菌還多
☐ 討厭錢，覺得錢一多就會帶來災難，覺得有錢都是財大氣粗
☐ 做人要知足常樂，不應該渴望太多
☐ 只要花高額的錢，就會感到害怕和內疚
☐ 生活必須節儉，一毛錢都不能浪費
☐ 不敢去看夢想中的車子、房子、手錶
☐ 賺不到錢是因為自己不夠好，不配擁有錢和富裕生活
☐ 覺得錢很難賺，必須很努力才能賺到錢，不可能輕鬆賺錢
☐ 負債很不好，絕對不能欠人家錢、欠銀行錢

如果你勾選了 3 項以上，你的潛意識可能在排斥金錢！

## 07 轉換金錢信念

**目標**：將你的負面金錢信念轉變為富足信念，讓財富能量自然流向你！

### 1. 找出你的「限制性金錢信念」

請回想你對金錢的想法，選擇最影響你的 3 個信念，寫下來。

舉例：「賺錢很辛苦，只有努力工作才能賺到錢。」、「金錢是萬惡之源，太有錢會讓人變壞。」、「我賺不了大錢，因為我家境普通，沒有好背景。」

現在輪到你！請寫下 3 個你希望改變的金錢信念：

1. _____
2. _____
3. _____

### 2. 轉換你的「富足信念」

請將剛才寫下的 3 條負面信念，改寫成積極正向的金錢信念。

改寫範例：✗「賺錢很辛苦。」→ ✓「賺錢可以是輕鬆且有樂趣的！」
　　　　　✗「錢來得快去得快，我留不住錢。」→ ✓「我管理金錢的能力越來越強，財富不斷累積。」
　　　　　✗「我不值得擁有太多錢。」→ ✓「我值得擁有豐盛的財富，金錢讓我更自由！」

現在輪到你！請改寫你的 3 條新金錢信念：

1. _____
2. _____
3. _____

## 08 實踐你的愛錢習慣

**目標：建立日常習慣，改變你與金錢的關係。**

### 挑選 2～3 項每日實踐行動

- 每天寫下 3 件「感謝金錢」的事（例：「感謝今天有錢買午餐」）

_____

_____

_____

- 設定一個小額存款目標（例：「每週存 100 元」）

_____

_____

_____

- 改變日常用語（例：「錢很難賺」→「錢來得容易」）

_____

_____

_____

- 每週觀察自己「錢進來多久後又花出去？」找出重複的模式

_____

_____

_____

### 冥想與放鬆

　　每天 5 分鐘，閉上眼睛，深呼吸，想像自己身處於豐盛之中，讓自己感受到「我與金錢的關係如同初戀的怦然心動」。

## 09 你的皮夾反映你的財富態度

請仔細檢查你的皮夾，並回答以下問題：

1. **你的皮夾是長夾，還是短夾？**
   - ☐ 長夾（恭喜！你的錢住得舒適。）
   - ☐ 短夾（短夾可能讓鈔票折疊，影響財運流動。）
   - ☐ 有獨立的零錢包
   - ☐ 沒有獨立的零錢包

2. **你的鈔票是整齊擺放，還是亂塞？**
   - ☐ 整齊擺放，方向一致（你的財運能量很順暢！）
   - ☐ 亂塞、對折（需要改善財富能量流動。）

3. **你的皮夾裡是否有過多的雜物？（如發票、會員卡、舊收據）**
   - ☐ 是（建議清理，讓錢住得更舒服！）
   - ☐ 否（你的財富空間清爽明亮！）

**請記錄你的檢查結果，並決定你是否要更換一個更適合財富流動的皮夾！**

_____

_____

_____

## 10 打造財富磁鐵的皮夾

**目標：調整你的皮夾，讓金錢願意靠近你。**

### 1. 清理你的皮夾

- 立即移除不必要的雜物，如發票、過期優惠券、沒用的卡片
- 確保皮夾沒有破損或磨損（如果有，請準備換新）

### 2. 重新整理鈔票

- 將鈔票依金額大小整理（100 元、500 元、1,000 元分開放）
- 所有鈔票頭朝上擺放，避免對折，要完全坦平
- 好好對待皮夾和鈔票，可以噴上自己喜歡的香氛

### 3. 選擇你的財富皮夾

- 選擇長皮夾，讓錢住得舒適
- 選擇帶拉鍊的皮夾，避免財富流失
- 選擇屬於「土」或「金」的顏色，如黃色、棕色、金色
- 如果不知道要選什麼顏色，可選擇萬用色「黑色」

請寫下你要如何改善你的皮夾，並設定一個固定的時間（每天、每週或每月）來完成。

_____

_____

_____

## 11 讓金錢成為財富使者

目標：與金錢建立連結，讓錢喜歡待在你身邊，並吸引更多財富與機會。

### 1. 準備你的「招財鈔票」
- 確保你的鈔票 乾淨、完整、無破損
- 選擇較小面額的鈔票（如百元鈔），讓金錢能夠更順利流動
- 在心中默念：「這筆錢會帶來更多財富與機會。」

### 2. 與金錢建立正向關係

**💬 對你的錢說話**
- 每次打開皮夾時，對你的錢說：「歡迎來到我的財富飯店！」
- 花錢時說：「謝謝你，記得帶更多朋友回來。」

**🧘 每日冥想招財**
- 閉上眼睛，想像你的皮夾充滿金光，裡面裝滿鈔票
- 在心中說：「我的錢愛我，它們願意留在我身邊。」

**📖 檢視你的財富心態**
- 是否覺得賺錢很痛苦？如果是，轉換成：「賺錢是種樂趣。」
- 是否覺得有錢人貪婪？如果是，轉換成：「有錢人懂得珍惜金錢。」

### 3. 讓你的錢流動起來

**將你的鈔票送到好去處**
- 選擇在人潮多的地方花錢，如夜市、捷運站、餐廳
- 每次支付時，心中感謝這張鈔票：「帶回更多朋友給我吧。」

請寫下你與金錢互動的感受，並記錄 21 天後的改變，看看是否開始發生更多財富機會。

## 12 釋放匱乏感，培養財富信念

**目標：辨識並轉化內在的匱乏感，建立充盈的金錢信念。**

**步驟 ❶ 檢視你的金錢焦慮**

請回答以下問題：

1. 你是否常覺得自己「賺得不夠」或「總是缺錢」？
　_____
　_____

2. 你是否會因為看到別人比你成功而感到焦慮？
　_____
　_____

3. 你是否常覺得自己「沒有那種命」，因此不願嘗試改變？
　_____
　_____

**步驟 ❷ 重新定義金錢觀**

將你寫下的負面金錢信念，改寫成正向的財富信念。例如：

負面信念：「賺錢很難，我永遠不可能變有錢。」
轉化信念：「賺錢其實是學習一套方法，我願意學習，財富會自然而然來到我身邊。」

請記錄你的新信念，並每天早晚朗讀 3 次。
_____
_____

## 13 覺察內在念頭，避免投資誤判

**目標：培養覺察力，避免因情緒影響投資決策。**

**步驟 ❶ 回顧你的投資經驗**

1. 你是否曾因「害怕錯失機會」而過早進場？
   _____
   _____

2. 你是否曾因「想報復市場」而做出衝動決策？
   _____
   _____

3. 你是否因「害怕失敗」而錯失本來可以獲利的機會？
   _____
   _____

**步驟 ❷ 建立「投資覺察日記」**

- 這次投資，我的主要動機是什麼？
   _____
   _____

- 我是否受到任何外在影響（新聞、朋友的建議、網路討論）？
   _____
   _____

- 我是否有清楚的交易計畫，還是純粹憑感覺下單？
   _____
   _____

持續記錄 3 週，看看你的投資決策是否因覺察力提升而有所改善。

## 14 調整市場頻率，與財富共振

**目標：透過冥想與市場「對頻」，提高投資成功率。**

### 步驟❶ 市場共振冥想

每天盤前進行 5 ～ 10 分鐘的簡單冥想：

1. 閉上眼睛，深呼吸 3 次，讓自己完全放鬆。

2. 想像自己與市場融為一體，能夠自然地感應市場的脈動。

3. 在心中默念：「我是市場的一部分，我能順應市場的變化，自然獲利。」

### 步驟❷ 設定「量力而行」原則

1. 每次投資前，設定一個你可以承受的最大損失額度，絕不超過。

_____

_____

_____

_____

2. 若發現自己「想賭一把」，立即停下來，回顧你的交易日誌，看看這是否符合你的計畫。

_____

_____

_____

_____

## 15 訓練「正念投資」，提高勝率

**目標：透過「觀照」來避免情緒性交易，培養穩定的交易模式。**

### 步驟 ❶ 觀察你的念頭

在你打算下單前，請停下來，問自己：

1. 這筆交易的邏輯是什麼？有清楚的依據嗎？
_____
_____

2. 我現在的心情如何？有沒有焦慮、害怕、報復市場的情緒？
_____
_____

3. 如果這是一個客觀理性的投資人，他會怎麼做？
_____
_____

### 步驟 ❷ 每日自我對話

每天交易後，記錄你的感受：

- 這筆交易的結果如何？
_____

- 我的判斷是否受到外在影響？如果有，下次該如何避免？
_____

- 我如何讓自己保持冷靜，不受情緒影響？
_____

持續進行 21 天，讓這個習慣變成你的投資基礎。

# 16　量子顯化法，快速實現願望

**目標：運用量子意識，讓財富願望更快顯化。**

**步驟 ❶ 設定願望**

請寫下你最想實現的財富目標，例如：
- 「我要在三個月內，透過投資賺進 100 萬元。」
- 「我要吸引有影響力的投資貴人指導我。」

_____

_____

**步驟 ❷ 使用「快速顯化語言」**

1. 將你的願望寫成「快速顯化語言」，這也可以運用製作錢母或量子貼片，例如：
- 立即吸引大量貴人前來支持成就我願意持續回饋社會的所有機緣。
- 立即吸引大量貴人前來支持成就我一生擁有富裕生活的所有機緣。
- 立即吸引大量貴人前來支持成就財富輕輕鬆鬆來到我身邊的所有機緣。
- 立即吸引大量貴人前來支持成就我銀行存款不斷增加的所有機緣。
- 立即吸引大量貴人前來支持成就我願意接收各種財富知識的所有機緣。
- 立即吸引大量貴人前來支持成就我的銀行存款不斷增加的所有機緣。

_____

_____

2. 每天唸 21 遍，讓它進入你的潛意識。

3. 在你的皮夾或辦公桌上貼上這句話，讓自己不斷強化這個信念。

## 17 製作你的專屬「錢母」

目標：透過「錢母」將你的願望能量散播出去，吸引更多財富。

### 步驟 ❶ 拿出鈔票或硬幣

- 拿出數張你最常使用的鈔票面額（如 100 元）或數枚硬幣（如 10 元）。
- 噴鹽水或在正午太陽下曬 10 分鐘，以清除舊有的能量。

### 步驟 ❷ 植入財富願望

- 在心中默念 21 次：「幫助我吸引財富。」「吸引 10 位優質客戶。」
- 用雙手包覆這張鈔票，專注將你的願望能量傳遞進去。

### 步驟 ❸ 讓錢母流通

- 將這張「錢母」花在有大量人流的地方，例如夜市、捷運站。
- 每次花錢時，心中默念：「請帶更多錢回來。」

記錄你的體驗，看看是否出現意想不到的財富機會。

_____

_____

_____

_____

## 18 建立「賺錢不驕」的心態

**目標：在投資獲利時保持冷靜，避免因短暫的成功而做出不理性的決策。**

### 任務 ❶ 回顧你的投資行為

請寫下你過去一筆最成功的投資經驗：

- 當時你的進場價格是多少？為什麼選擇這個標的？

  _____

- 你當時的出場策略是什麼？最終是如何決定賣出的？

  _____

  這筆獲利是因為你的判斷，還是因為市場趨勢剛好站在你這邊？

  _____

- 如果讓你重新來一次，你會做出一樣的決定嗎？還是會調整策略？

  _____

### 任務 ❷ 為自己的「賺錢心態」訂出規則

根據你的回顧，寫下 3 條你希望自己在賺錢後能遵守的規則，例如：

- 當獲利達 15% 時，一定會先賣出一半，確保有一部分資金安全落袋。
- 每次賺錢後，我會花 5 分鐘檢查市場環境的變化，判斷這波趨勢是否仍然存在。
- 不管帳面上賺多少，我會在每次投資後設立 3 天的「冷靜觀察期」，避免衝動加碼。

寫下來，貼在你交易紀錄的地方，提醒自己遵守這些規則！

1. _____
2. _____
3. _____

## 19 避免因賺錢而急於再進場

**目標：獲利後，不因急於賺更多而做出錯誤決策。**

### 任務❶ 測試你的「耐心」
想像你剛剛有一筆獲利 20% 以上的交易。你會怎麼做？

- 你是馬上想找下一個投資標的，還是會選擇休息？
  _____
  _____

- 如果現在出現一個「看起來很有機會」的標的，你會忍住不進場嗎？
  _____
  _____

- 你曾經有過「打鐵趁熱」的投資行為嗎？結果如何？
  _____
  _____

### 任務❷ 設立「冷靜期挑戰」
在你的下一次大賺後，強迫自己休息至少 3～7 天，期間不交易，只觀察。
在這期間，每天記錄自己的情緒變化，例如：

- 第一天：還想進場嗎？還是覺得「再等等」比較安全？
- 第三天：回顧當初的衝動是否還在？會後悔沒再立刻進場嗎？
- 第五天：市場有任何變化嗎？如果當時立刻再進場，結果會如何？

寫下這段時間的感受，能幫你了解自己是否容易因「剛賺錢」而急於交易。

_____
_____
_____

## 20 培養理性的「算牌」能力

**目標：透過數據分析決策，而非憑直覺或情緒投資。**

### 任務❶ 寫下你過去最失敗的一筆投資

- 你當時為什麼會選擇這個標的？
_____

- 進場前，你有做數據分析，還是只是聽朋友推薦、看報導就買進？
_____

- 你是否在沒有設定停損點的情況下，繼續抱住這檔股票？
_____

- 如果回到當時，你覺得自己該怎麼做才能避免虧損？
_____

### 任務❷ 為自己訂出「算牌規則」

請寫下 3 個你未來決定進場的硬性條件，例如：

- 「如果 3 個技術指標同時給出買進訊號，我才會考慮進場。」
- 「如果股價跌破月線 3 天以上，我不會輕易加碼。」
- 「若市場情勢不明朗，我會選擇觀望，而不是貿然進場。」

將這些條件寫下來，並在每次進場前檢查自己是否有遵守！

_____
_____
_____
_____

## 21 如何從容應對虧損？

**目標：**當虧損發生時，冷靜分析原因，而不是衝動補倉或死抱不放。

### 任務❶ 情境模擬
請回憶一次你曾經的虧損經歷，並回答：
- 當時你發現自己賠錢後，第一個想法是什麼？

- 逃避？補倉？還是立即停損？
  _____

- 如果當時你提前設好停損點，會不會避免更大的虧損？
  _____

- 現在回想起來，你覺得自己哪裡做錯了？
  _____

- 如果再遇到同樣情況，你打算怎麼做？
  _____

### 任務❷ 訂定「賠錢應對策略」
請為自己制定 3 條處理虧損的原則，例如：
- 「只要虧損超過 10%，我就必須停損出場，不做任何拖延。」
- 「當我連續 3 次交易失敗，我就休息至少 7 天，重新檢視我的策略。」
- 「當市場發生重大新聞時，我會停看聽，不會在第一時間做出決策。」

每次賠錢後，回顧這些規則，確認自己是否有遵守！

_____
_____
_____

# 22 防止「報復性交易」

**目標：當投資失敗時，避免因不甘心而進行更高風險的交易。**

## 任務❶ 理解自己的情緒

請寫下當你賠錢時，最常出現的情緒反應：

- 你是否會感到憤怒或不甘心？

　_____

- 你是否曾因為想「翻本」而馬上進場，結果越賠越多？

　_____

- 你是否曾經在市場情勢不明朗時，因為急於找機會而貿然進場？

　_____

## 任務❷ 設立「冷靜停損機制」

設立「交易冷卻日」：每次賠錢後，強迫自己休息 2～3 天，讓情緒歸零。
建立「回顧日誌」：在冷卻期內，寫下：

- 這次賠錢的原因？

　_____

- 如果當時有設好停損，是否能減少損失？

　_____

- 下次遇到類似情況時，我應該怎麼做？

　_____

　_____

每次賠錢後都要回顧這些問題，這能幫助你避免重複犯錯！

## 23 盤點你的「人生劇本」

**目標**：覺察自己目前的信念與生活模式，辨識是否受到過去經驗的影響，並決定是否要重新書寫自己的未來。

### 1. 回顧童年經歷
- 列出你成長過程中的 3 個關鍵事件，它們如何影響你的信念？

_____
_____

- 這些事件對你的金錢觀、工作態度、關係模式造成了什麼影響？

_____
_____

### 2. 分析現在的生活模式
- 你的日常習慣是否來自於家庭或社會的期待？

_____
_____

- 是否經常陷入相同困境，例如：人際衝突、財務困難、無法堅持計畫等？這些模式是你有意選擇的，還是來自過去的無意識習慣？

_____
_____

### 3. 寫下你的「人生劇本」
- 現在，請用一段文字寫下你目前的人生劇本（你的角色、現況）。

_____
_____

- 接著，請修改這段劇本，使它符合你真正想要的人生。

_____
_____

# 24 冥想與運動，身心同步提升

目標：透過冥想與運動，每天投入 15～20 分鐘，清理內在雜訊，提升身心能量流動

## 1. 冥想練習（每天 1～15 分鐘）

- 聆聽冥想音樂（搜尋 YouTube「Eydis 亞蒂絲冥想」或 432Hz、528Hz 能量音樂）
- 建議時段：早晨或睡前
- 搭配 8888 呼吸法（吸 8 秒＋停 8 秒＋吐 8 秒＋停 8 秒），讓思緒沉澱，穩定內在頻率。

**觀察內在雜訊**

- 冥想時，你是否有特定念頭浮現？（如：擔心投資、害怕金錢流失）
- 記錄這些聲音，並問自己：「這是真的嗎？這些信念來自哪裡？」
- 若發現負面想法，請立即用「太美、太妙、太美妙了！」轉換能量，提升正向頻率。

## 2. 鍛鍊身體的運動金三角

健康的身體是能量流動的關鍵，影響專注力、行動力，甚至財富顯化速度。伸展、有氧、重訓構成運動金三角，三者缺一不可。

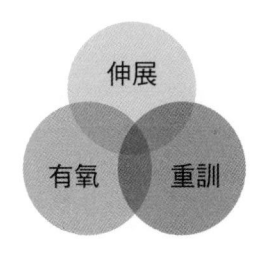

## 啟動身體能量

- 檀中穴*按摩（全身循環開關）：輕柔按壓胸口中央，釋放壓力，穩定情緒。
- 八虛†拍打（釋放身體氣結）：輕拍四肢與關節，促進氣血循環，提高行動力。
- 6 分鐘全身伸展和運動（掃描 QR Code，取得更多資訊）：跟隨引導進行全身伸展，提升柔軟度與代謝，讓能量運行更順暢。

結合冥想和運動，讓身心更輕盈，能量更穩定，每天投入 15 ～ 20 分鐘，讓身心同步提升。

---

* 穴道位置在乳頭連成一條線的胸口正中央，具有利氣、寬胸、緩解心絞痛、心律失常、支氣管炎、嘔吐等功效。
† 身體的八個凹陷處：腋窩、肘窩、鼠蹊部和膝窩。

## 25 行善布施，讓財富流動

目標：透過日常的善行與布施，創造正向循環，讓財富與好運自然流向你。當你願意分享財富與善意，宇宙會回應更大的回報。

### 1. 設定「布施基金」
- 每月預留 1% ～ 5% 的收入，專門用於捐助或幫助他人。
- 不論金額大小，關鍵在於「捨得」，讓自己感受到財富的流動與自由。

### 2. 每日善行，積累財富能量
每天至少做一件善事，讓財富與人際關係自然流動：
- 金錢善行：在交易時不收找零、小額捐款、請朋友喝咖啡。
- 行動善行：幫助同事、為親友準備驚喜禮物、提供免費專業建議。
- 語言善行：對服務人員說「謝謝」、主動給予鼓勵與讚美。

### 3. 記錄布施後的變化
- 布施與善行後，你的心情有什麼變化？
_____
_____

- 是否開始遇到貴人，或有新的財務機會出現？
_____
_____

記錄 21 天後的感受，看見善行帶來的影響與回報。透過小小的善行，你將開啟更大的財富流動，讓人生更加豐盛！

## 26 建立「貴人清單」

目標：釐清你生命中的「貴人」，並學會如何創造更多貴人關係。

**1. 列出 3 位對你有幫助的貴人**

- 他們是誰？是如何影響你的？
  _____
  _____

- 你是如何與他們建立關係的？
  _____
  _____

- 你做了哪些事，讓他們願意幫助你？
  _____
  _____

**2. 培養貴人磁場**

- 對現有的貴人表達感謝（發訊息、寫感謝信或提供回饋）
  _____
  _____

- 參與能擴展人脈的活動（例如：講座、社群聚會）
  _____
  _____

- 主動提供幫助給他人（分享資訊、介紹機會）
  _____
  _____

# 27 正向願望,加速顯化成功

目標:透過吸引力法則,願望必須是正向,絕不可是負向,只要設定清晰且正向的財富目標,就能讓你的能量與願望同頻,加速成功顯化。

## 步驟 ❶ 確保你的願望是正向的

願望應該聚焦於「你想要的結果」,而非「你想避免的事情」。請以正向且具體的方式,設定你的願望,例如:

- 我要在 2026 年 6 月 30 日前,每月收入超過新台幣 10 萬元。
- 我要讓我的事業每月營收超過新台幣 100 萬元。
- 我要每個月都新增 20 位新客戶。
- 我要考上台大第一志願。
- 我要考上律師資格。
- 我要練出六塊肌,擁有健康體態。
- 我要變得更有魅力,吸引美好人際關係。

切記!避免負向願望,因為這些願望會吸引更多問題,像是:

- 我要早日還清房貸、車貸、債務。
  →應改為:「我要累積豐厚財富,讓資產足夠支付所有費用。」
- 我要擺脫貧窮。
  →應改為:「我要擁有源源不絕的財富流動。」

## 步驟 ❷ 堅定信念、平靜心情，準備顯化

在設定願望前，先讓自己進入穩定的頻率，避免負能量干擾你的顯化速度。

- 想像已經完成願望的感覺、情緒，正向情緒是顯化頻率放大器。
- 冥想 10 分鐘，清理雜念，專注於當下。
- 深呼吸 3 次，讓自己完全放鬆，感受內心的平靜。

## 步驟 ❸ 願望顯化儀式

- 每日早晨或睡前，重複念出你的願望 21 次，語氣堅定，充滿信心。
- 在心中感恩金錢小幫手：「謝謝你為我四處找貴人，成就我的願望。」
- 可搭配視覺化練習：閉上眼睛，想像自己已經達成目標，感受當下的喜悅與滿足。

記錄每天念願望時的心情與變化。觀察是否開始遇到新機會、新貴人或財富流動的跡象。21 天後，回顧自己的進展，調整願望設定，讓吸引力法則持續發揮作用。

## 28 心想事成的「未來日記」

目標：透過「夢想板」具體的視覺化，讓未來的願景更清晰，提升顯化的可能性。

### 1. 在「夢想板」上，寫下你想要的生活
- 描述 1 年後、3 年後、5 年後的理想生活（具體到細節）。
- 你住在哪裡？每天的生活如何？財務狀況如何？

_____

_____

_____

### 2. 加入「已經實現」的感覺
- 以「已經發生」的語氣寫下，例如：「我現在擁有一個自由又充滿財富的生活……」

_____

_____

_____

### 3. 每天朗讀你的未來日記
- 讓潛意識內化這些畫面，幫助它成為現實。

### 4. 建立對「心想事成」的信任
- 設定一個簡單的測試目標（例如：「今天會有人請我喝咖啡」）
- 完全相信，並放下焦慮。
- 觀察結果，即使不如預期，也繼續嘗試不同的實驗。

_____

_____

## 29 追蹤關鍵央行會議與決策

目標：透過追蹤美國聯準會（FED）與日本央行（BOJ）的利率決議與會議紀要，提升對總體經濟的理解，並預測市場趨勢。

### 1. 記錄關鍵會議日期

- 美國聯準會：每年會召開 8 次的公開市場會議，約為每隔 6 週開會一次。以下是 2025 年利率決議與會議紀要發布時間：

| 月份 | 利率決議 | 會議紀要 |
| --- | --- | --- |
| 1月 | 1/30 | 2/20 |
| 3月 | 3/20 | 4/10 |
| 5月 | 5/8 | 5/29 |
| 6月 | 6/19 | 7/10 |
| 7月 | 7/31 | 8/21 |
| 9月 | 9/18 | 10/9 |
| 10月 | 10/30 | 11/20 |
| 12月 | 12/11 | 1/1 |

- 日本央行：日本央行每年會召開 8 次會議，每次會議間隔時間約 5 至 9 週。以下是 2025 年利率決議與會議紀要發布時間：

| 月份 | 利率決議 | 會議紀要 |
| --- | --- | --- |
| 1月 | 1/24 | 2/20 |
| 3月 | 3/19 | 4/10 |
| 4月 | 4/1 | 5/29 |
| 6月 | 6/17 | 7/10 |
| 7月 | 7/31 | 8/21 |
| 9月 | 9/19 | 10/9 |
| 10月 | 10/30 | 11/20 |
| 12月 | 12/19 | 1/1 |

未來的發布時間可密切關注下方的資訊網站，將這些日期標記在你的行事曆中，並設定提醒，以確保你能在第一時間掌握最新消息。

## 2. 觀看記者會 & 閱讀官方會議紀要

每次會議結束後，觀看美國聯準會主席鮑威爾或日本央行行長植田和男的記者會，關注他們的言辭與態度變化，除了記者會和官方會議紀要，也會有不少媒體報導和評論，以下是常見的媒體：

| 重要財經資訊網站 | 目的 | 頻率 |
| --- | --- | --- |
| 金十數據首頁 | 24小時即時新聞 | 每天 |
| 金十數據日曆 | 每週重要財經日曆 | 每天 |
| FedWatch | 美國聯準會利率預測 | 每週 |
| 日本央行 | 官方新聞稿 | |
| 東京短資株式會社 | 日本OIS預測日本央行升降息機率 | 每天15:15公布 |
| 彭博新聞社 | 美國華爾街觀點 | 每天 |
| 華爾街日報 | 美國華爾街觀點 | 每天 |
| 日本經濟新聞 | 日本媒體觀點 | 每天 |
| 天下雜誌APP | 彙整全球重要新聞 | 每天 |
| 川普社群媒體X | 第一手震撼新聞 | 每天 |
| 馬斯克社群媒體X | 第一手震撼新聞 | 每天 |

每次讀完會議紀要後，簡單寫下自己的分析，判斷市場可能的變動方向。檢視過去的分析是否準確，並調整自己的觀察與預測方式。

## 30 關注市場重要的指標

目標：密切追蹤重要的關鍵指標，確保能夠快速獲取市場動向，並提升投資決策準確度。

### 美國經濟指標

- 聯準會利率決策（影響全球市場資金流向）
- 美國 CPI（消費者物價指數，影響通膨與市場預期）
- 美國失業率 & 非農就業報告（影響經濟復甦與聯準會政策）
- 美國零售銷售數據（衡量消費市場景氣）
- 初領失業救濟金人數（每週四 8:30 公布，市場信心指標）
- 美國 GDP 成長率（衡量經濟健康狀況）
- JNK（彭博巴克萊短期高收益債 ETF，風險偏好指標）
- OIS（隔夜指數掉期，市場對未來利率的預期）

### 日本經濟指標

- 日本央行利率決策（影響日元與亞洲市場）
- 日本 CPI（消費者物價指數，影響日本央行政策）
- 日本失業率 & 薪資成長（影響消費與內需）
- 日本 GDP 成長率（影響日元匯率）

### 匯率與資產市場

- 美元指數（DXY，衡量美元強弱）
- 美債殖利率（影響全球資金流動）

- 黃金價格（避險資產指標）
- 比特幣價格（市場風險偏好指標）
- 美元兌日元（USD/JPY，日本經濟與政策變動影響）

**投資決策前分析**

- 檢查 JNK 是否上升（市場風險情緒）、OIS 是否變動（市場對利率預期）。
- 若美國 CPI 高於 3％或日本 CPI 接近 2％，須密切關注市場可能的動盪。
- 若美國初領失業救濟金突然大幅上升，則預測經濟可能放緩，可能影響聯準會決策。

掃描 QR Code，
取得更多補充教材和工具

# 3 週 21 天系統化訓練

　　吸引力法則認為：生命中的一切，都是由你的意念與能量所吸引而來。你所專注的事物，無論是財富、成功，還是恐懼與匱乏，都會透過你的頻率進入現實。當你有意識專注在健康、富足、成功與智慧的投資決策上，你的財富格局就會隨之提升。因此，這本行動練習手冊的目標，是透過健康管理、冥想、行動與覺察，讓你的思想、行為與金錢能量同頻共振，最終實現穩定的財務成長。

　　健康是財富的基礎，穩定的投資來自清晰的心態與強健的身體。透過本書的 21 天行動練習，你不僅能夠學習如何養成健康的財富習慣，還能提升市場敏感度，建立正向金錢信念，進一步讓財富能量流動起來。

　　科學研究顯示，養成一個新習慣至少需要 21 天，因此這本行動練習手冊規劃了一個「3 週 21 天」的系統化訓練，讓你每天循序漸進地內化冥想與財富顯化的習慣，進而調整金錢信念、強化市場直覺，並提升投資決策的穩定性。在這 21 天裡，你將透過：

- 第一週「內在覺察」→從健康管理與財富信念建立開始，清理內外能量場，設定財富目標。
- 第二週「能量轉換」→透過市場觀察、愛錢行動、轉換思維，學習如何與財富共振。
- 第三週「行動顯化」→實際運用市場資訊與財務策略，讓財富流動，累積資產。

　　這些練習並非只在 21 天內有效，而是可以長期實踐，幫助你在任何市場環境中維持冷靜的判斷力，並持續吸引財富流動。即使過了 21 天，你仍然可以重複這些練習，將投資冥想變成一種生活方式，讓健康與財富頻率自然融入你的日常決策，創造穩定、持續的財富成長！

## 每日固定練習

- 飲食健康紀錄（#4）
- 每天笑（釋放正能量）
- 1 分鐘運動（穩定能量流動 #24）
- 1 分鐘冥想（與財富意識連結 #24）
- 1 分鐘讀盤練習（提升市場敏感度 #29、#30）
- 每天起床感恩（天、地、財富、健康、貴人）
- 每天默念或複誦「快速顯化語言」（加快顯化速度）

## 快速顯化語言

每天默念或大聲複誦正向顯化語言可以立即吸引大量貴人前來支持成就你，讓你從財富、貴人、投資決策、善行回饋、心態建設等方面，全方位強化你的吸引力法則，使財富流向你，幫你更快顯化你想要的財富和成功！

- 我擁有穩定且源源不絕的財富流入，金錢輕鬆來到我身邊。
- 貴人不斷出現，為我帶來最適合的事業與投資機會。
- 我的銀行存款每天都在增加，我對金錢充滿安全感與信任。
- 財富與機會輕鬆流入我的生活，我樂於擁抱富足。
- 我所有的投資決策都清晰、穩定，並帶來豐厚回報。
- 我的價值不斷提升，財富與成功自然而然地向我靠近。
- 我所付出的每一份善意，最終都會轉化為更大的財富回報。
- 我願意接收更多財富知識，讓我的財富與智慧同步成長。
- 所有的交易與合作都對我有利，為我創造雙贏的成果。
- 我對金錢充滿健康、積極的信念，因此財富流動順暢無阻。

你也可以額外創造屬於自己的快速顯化語言！

## 第 1 週：內在覺察與打造健康財富基礎

**目標：清理內外能量場，建立健康與財富的正向信念。**

在投資冥想的第一週，我們將專注於內在覺察與身心調整，因為健康是財富的根基，穩定的投資決策來自清晰的心態與強健的身體。透過 432Hz & 528Hz 能量音樂、8888 呼吸法、內觀練習，我們能夠穩定內在狀態，避免因負面情緒影響投資決策。同時，透過飲食健康管理、清理環境、運動鍛鍊，打造有助於財富流動的磁場。

這一週的核心目標，是透過意識轉變來改變現實。當你開始關注自己的身體健康，覺察並調整你的金錢信念，你會發現：

- 原本難以突破的財務困境開始鬆動
- 原本沒有注意到的財富機會開始浮現
- 更穩定的生理狀態讓你做出更理性的投資決策

這是一個轉變的起點，讓我們用這一週來為未來的財富顯化打下堅實的基礎！

### 第 1 週整體規劃

- **調整財富與健康頻率**：透過 432Hz & 528Hz 能量音樂、8888 呼吸法，穩定內在狀態，減少負面情緒干擾。
- **建立健康與金錢正念**：透過營養師指導、飲食紀錄、心靈掃毒法（「太美、太妙、太美妙了！」），轉換負面信念。
- **打造富足環境**：清理飲食習慣、整理皮夾、優化社交圈，營造有助於財富流動的磁場。
- **設定財富與健康目標**：明確訂立事業、健康、投資願景，透過每日感恩與行動步驟讓願景具體化。

## 第 1 週投資冥想系統化訓練

**關鍵行動：調整財富與健康頻率→重塑金錢信念→優化環境與行動。**

| 天數 | 每日主題 | 對應行動練習 | 強化練習 |
|---|---|---|---|
| 1 | 釋放匱乏感，提升財富與健康頻率 | #12 釋放匱乏感，培養財富信念 | #1 營養師帶你吃出健康財富（學習健康飲食如何影響能量）<br>#2 六大類食物與腸胃消化時間（了解食物對能量影響） |
| 2 | 內在覺察，避免投資與健康誤判 | #13 覺察內在念頭，避免投資誤判 | #24 冥想與運動，身心同步提升（搭配 8888 呼吸法，穩定能量場） |
| 3 | 建立健康與財富的信念 | #6 找出你的金錢信念 | #3 找出你健康身體的信念（健康是財富的根基） |
| 4 | 轉換金錢與健康信念，建立富足心態 | #7 轉換金錢信念 | #8 實踐你的愛錢習慣（將正向信念落實行動） |
| 5 | 你的環境反映你的財富與健康狀態 | #9 你的皮夾反映你的財富態度 | #5 飲食與健康狀況自我檢測（內外同步清理） |
| 6 | 調整身心狀態，讓財富與健康能量更穩定 | #24 冥想與運動，身心同步提升 | #10 打造財富磁鐵的皮夾（透過整理財富空間，穩定金錢能量） |
| 7 | 檢視本週飲食與健康進展，調整策略 | #28 心想事成的「未來日記」 | #5 飲食與健康狀況自我檢測（檢視本週飲食紀錄，調整下週方向） |

# 第 2 週：創造富足感，強化市場直覺

**目標：透過行動累積富足能量，調整金錢信念，提升市場覺察力，讓財富流動更順暢。**

進入第二週，我們將從內在的富足感出發，並開始將冥想、行動與市場觀察結合，讓財富能量更加具體化。透過感受金錢的流動、學習財富回饋法則、強化市場敏感度，我們能夠更穩定地應對市場變化，減少投資焦慮，避免衝動決策。

當你對金錢的感受是豐盛、輕鬆的，它就會更容易流向你。因此，本週的目標是透過正向的金錢互動，讓金錢成為你的助力，而不是壓力。

這一週的核心目標，是透過行動來強化財富流動。當你開始用更積極的方式與金錢互動，你會發現：

- 金錢不再只是數字，而是能量的流動，你開始對財富產生更大的掌控感。
- 市場不再讓你感到恐懼，而是機會的來源，你能更冷靜地分析趨勢，減少衝動投資。
- 你的外在與內在財富磁場同步，更容易吸引貴人與機會，自然進入富足循環。
- 你的財富回饋行動帶來意想不到的機緣，當你給予，宇宙會回應更多給你。

## 第 2 週整體規劃

- **建立富足感**：透過正向的金錢互動，讓自己對金錢產生安全感與信任感。
- **讓金錢流動起來**：學習布施、請客、贈禮等方式，創造更順暢的財富循環。
- **提升市場敏感度**：每天關注市場數據（CPI、日元、股市），透過讀盤練習訓練市場直覺，提高投資勝率。

- **強化理性決策**：學習覺察投資情緒，減少貪婪與恐懼導致的交易失誤。
- **塑造財富磁場**：整理儀容、選擇適合自己的能量衣物，讓內在與外在頻率一致，吸引更多財富機會。

## 第 2 週投資冥想系統化訓練

關鍵行動：建立財富流動→提升市場敏感度→鍛鍊理性交易心態。

| 天數 | 每日主題 | 對應行動練習 | 強化練習 |
| --- | --- | --- | --- |
| 8 | 與金錢建立正向關係 | #11 讓金錢成為財富使者 | #25 布施善行，讓財富流動（透過回饋社會，讓財富流動更順暢） |
| 9 | 打造財富磁鐵，讓金錢流動 | #10 打造財富磁鐵的皮夾 | #26 建立「貴人清單」，擴大財富人脈（列出可能帶來機會的人，主動聯繫） |
| 10 | 投資市場的覺察力 | #14 調整市場頻率，與財富共振 | #29 追蹤關鍵央行會議與決策（關注聯準會、日本央行、川普政策） |
| 11 | 克服投資焦慮，從容應對虧損 | #21 如何從容應對虧損？ | #22 防止「報復性交易」，穩定投資心態（覺察交易時的情緒，避免衝動行動） |
| 12 | 避免衝動投資，強化理性決策 | #18 建立「賺錢不驕」的心態 | #20 培養理性的「算牌」能力（透過數據分析降低交易風險） |
| 13 | 讓財富成為你的生活習慣 | #8 實踐你的愛錢習慣 | #28 心想事成的「未來日記」，強化財富顯化（書寫願景，具體化財富目標） |
| 14 | 檢視本週的財富行動、飲食健康與市場決策 | #6 找出你的金錢信念 | #5 轉換金錢信念（檢視市場與金錢狀態，調整心態）<br>#5 飲食與健康狀況自我檢測（檢視飲食紀錄，調整方向） |

# 第 3 週：顯化財富與投資行動

**目標：透過實際行動，讓財富顯化並持續流動。**

進入第三週，我們將把內在的財富意識轉化為具體行動，讓金錢流動起來，真正開始累積財富資產。本週的重點不僅是市場決策，還包括如何運用能量法則，加速財富顯化，並透過策略性行動創造更多財富機會。

金錢本質上是一種能量，它的運作與你的信念、行為與市場敏感度息息相關，因此，本週的核心目標是結合市場決策、財富顯化法則與能量管理，讓財富穩定流入你的生活。

這一週的核心目標，是透過行動顯化財富，當你落實以下步驟，你會發現：

- 市場變化不再讓你焦慮，而是提供機會，你能夠更穩定地做出投資決策。
- 你的財富磁場提升，願望顯化更快，金錢流動更加順暢。
- 你開始建立長期財富策略，而非只關注短期投資盈虧。
- 你對於財務規劃與市場趨勢更有掌控感，能夠有效運用資源創造財富。

## 第 3 週整體規劃

- **市場決策實踐**：學習如何根據 JNK（市場風險指標）、OIS（利率預測）、美國 CPI、聯準會（Fed）、日本央行（BOJ）決策、川普政策等關鍵數據，做出更精準的投資判斷。
- **財富顯化行動**：透過製作專屬自己的「錢母」，將願望散播出去，吸引更多財富回流，強化財富能量。
- **建立長期財富規劃**：透過「人生財富劇本」，設定具體的財務目標與行動策略，確保財富持續成長。
- **市場與能量同步**：每日進行冥想、讀盤、感恩練習，確保內外在頻率一致，避免情緒交易影響決策。

- **投資與財富循環**：理解金錢流動的法則,培養穩定的市場心態,讓市場變成你的盟友,而非恐懼的對象。

## 第 3 週投資冥想系統化訓練

**關鍵行動：市場決策實踐→運用錢母→長期財富計畫。**

| 天數 | 每日主題 | 對應行動練習 | 強化練習 |
|---|---|---|---|
| 15 | 提高市場敏銳度,強化投資決策 | #15 訓練「正念投資」,提高勝率 | #29 追蹤關鍵央行會議與決策（關注聯準會、日本央行、川普政策） |
| 16 | 財富顯化冥想,讓願望成真 | #16 量子顯化法,快速實現願望 | #28 心想事成的「未來日記」（具體化財務目標,強化顯化效果） |
| 17 | 運用「錢母」,吸引財富回流 | #17 製作你的專屬「錢母」 | #25 布施善行,讓財富流動（透過回饋社會,讓財富流動更順暢） |
| 18 | 追蹤市場指標,做對決策 | #29 追蹤關鍵央行會議與決策 | #30 關注市場重要的指標（培養市場敏感度,提高投資勝率） |
| 19 | 分析市場,做出最佳財務決策 | #30 關注市場重要的指標 | #20 培養理性的「算牌」能力（透過數據分析降低交易風險） |
| 20 | 書寫財富計畫,實現理想生活 | #23 盤點你的「人生劇本」 | #6 轉換金錢信念（檢視財富目標,調整心態） |
| 21 | 檢視整體財富計畫與市場策略 | #6 找出你的金錢信念 | #24 冥想與運動,身心同步提升（確保市場決策與財富能量同步）<br>#5 飲食與健康狀況自我檢測（檢視飲食紀錄,調整方向） |

　　恭喜你完成 3 週 21 天的投資冥想系統化訓練！能夠持之以恆地完成這 21 天的練習,代表你已經成功為自己建立了穩定的財富能量,並開始用更健康、更理性、更積極的方式與金錢、投資、市場互動。這不僅是一個階段性的成果,更是你未來財富成長的基礎。

　　請記住,真正的財富不是來自單次的努力,而是來自每天的選擇。如果你希望這份能量持續發揮效用,你可以：

- 每月回顧自己的財富計畫，確保目標與行動一致。
- 定期進行冥想與市場觀察，維持內外在頻率穩定。
- 持續執行金錢流動與財富顯化法則，讓財富不斷累積。

當你不斷優化這些習慣，財富將成為你生活中穩定且自然的一部分。期待你在未來的日子裡，繼續運用這套方法創造更多財富機會、提升投資勝率、顯化理想生活。

## 特別提醒：建立防詐護體

詐騙手法越來越猖獗，不要讓自己口袋的錢和辛苦獲利被騙走！許多詐騙利用人性的貪婪與恐懼設局，讓投資人一步步掉入陷阱。保持警覺，才能真正守護自己的財富！請檢視自己是否具備「被詐騙體質」：

☐ 想快速賺大錢，容易被高報酬誘惑
☐ 認為自己沒有投資能力，所以依賴「專家」指導
☐ 收到簡訊或 LINE 群組邀請，聲稱能「代操」幫你賺錢
☐ 將資金主控權交給別人，自己沒有實際操作
☐ 投資過程中獲利卻不敢跟親人討論，錯失清醒的機會
☐ 最終血本無歸，甚至負債累累

💡 **破解詐騙關鍵**

- 任何保證穩賺的投資都是騙局！
- 不交出銀行帳戶或資金控制權！
- 凡是標榜「無風險高回報」的投資，都是詐騙！
- 與親友討論，確保投資安全！

⚠ 記住：你的財富掌握在自己手中，不要輕易交出去！